Doreen Blumhagen

Mein UHRZEITEN Lapbook

Kopiervorlagen zum Schneiden, Falten und Weitergestalten

Verlag an der Ruhr

Impressum

Titel
Mein Uhrzeiten-Lapbook
Kopiervorlagen zum Schneiden, Falten und Weitergestalten

Autorin
Doreen Blumhagen

Umschlagmotiv
Gebastelte Lapbooks: Doreen, Sophie und Vincent Blumhagen
Wecker: © Ornavi – Fotolia.com, Uhrzeiten-Schriftzug: © iracosma – Fotolia.com

Illustrationen
Wecker: © Ornavi – Fotolia.com
Wenn nicht anders angegeben: Verlag an der Ruhr

Druck
Heenemann GmbH & Co. KG, Berlin, DE

Verlag an der Ruhr
Mülheim an der Ruhr
www.verlagruhr.de

Geeignet für die Klassen 2–4

ISBN 978-3-8346-3903-5

Inhaltsverzeichnis

Kopiervorlagen

Allgemeine Vorlagen

Infokarten

Kennenlernen der Uhr

Rund um die Uhr

Spiele rund um die Uhr

Allgemeine methodische und didaktische Hinweise

Lapbook – Was ist das?

In einem Lapbook dokumentieren und präsentieren Schüler* ihre Lern- und Arbeitsergebnisse in einer individuellen Entdeckermappe. Diese mehrfach aufklappbaren Mappen enthalten viele verschiedene Minibücher mit Informationen zu einem Gesamtthema. Das Besondere daran ist, dass diese Minibücher z. B. zuerst aufgeklappt, gedreht oder durchgeblättert werden müssen, um die Informationen lesen zu können, wodurch die Neugier beim Lesenden geweckt wird. Solche Minibücher können z. B. kleine Hefte, Drehscheiben, Pop-up-Karten, Umschläge, Leporellos oder Faltbücher sein.

Diese werden von den Schülern selbstständig bastelnd, malend und schreibend zu den Teilthemen gestaltet. Dabei kann es sich z. B. um Zeichnungen, Geschichten, Diagramme, Grafiken, Landkarten oder Steckbriefe handeln.

Die fertigen Minibücher werden von den Schülern gesammelt und auf einen Tonkarton, meist in der Größe DIN A3, geklebt. Der Tonkarton selbst wird auf DIN-A4-Größe gefaltet. Auf diese Weise entsteht ein großes Buch mit vielen kleinen Büchern. Die Bezeichnung „Lapbook" bedeutet, dass die Mappe nur so groß ist, dass sie auf dem Schoß (engl. „lap") des Schülers Platz hat.

* Aus Gründen der besseren Lesbarkeit haben wir in diesem Buch durchgehend die männliche Form verwendet. Natürlich sind damit auch immer Frauen und Mädchen gemeint, also Lehrerinnen, Schülerinnen etc.

Vorteile eines Lapbooks

Durch die optische Besonderheit und den Bastelaspekt ist die Erstellung eines Lapbooks für die Schüler sehr **motivierend**, da sie die Möglichkeit haben, etwas Einzigartiges und Individuelles zu gestalten.

Die Schüler arbeiten **selbstständig** und setzen sich **vertieft** mit einem Thema auseinander.

Lapbooks können zu **allen Sachthemen**, aber auch **Übungsthemen** des Grundschulunterrichts angefertigt werden.

Die Gestaltung eines Lapbooks kann in **verschiedene Unterrichtsformen** integriert werden. So ist der Einsatz sowohl als Ergebnissicherung im lehrerzentrierten Unterricht als auch als selbstständige Aufgabe im offenen Unterricht möglich.

Lapbooks ermöglichen es, Themen **differenziert und individuell** zu erarbeiten. So können leicht unterschiedliche Schwierigkeitsgrade durch Impulse und Aufgabenstellungen gesteuert werden. Die Schüler haben die Möglichkeit, Teilthemen auszuwählen und auf verschiedene Weise zu präsentieren. Sie können leicht eigene Ideen einbringen.

Die Erstellung eines Lapbooks kann in **Einzel-, Partner- oder Gruppenarbeit** erfolgen und eignet sich dadurch auch für den **inklusiven Unterricht**. Bei der Präsentation eines Lapbooks wird aufgrund des interaktiven Aspekts die **Neugier** bei dem Betrachter geweckt, immer wieder etwas Neues zu entdecken.

Lapbooks sind nach der Erarbeitung auch ideal zum **Lernen und Wiederholen** von Inhalten. Die Lösungen sind durch die Klappen zunächst abgedeckt. Die Schüler nennen die Lösungen und können diese eigenständig durch das Öffnen überprüfen.

Durch die Minibücher können **viele Informationen** zu einem Thema auf **wenig Platz** präsentiert werden. Das Lapbook wird auf DIN-A4-Größe gefaltet und passt, im Gegensatz zu einem herkömmlichen Plakat, in jeden Hefter. Als praktikabel hat sich die Aufbewahrung in einer Prospekthülle erwiesen.

Hinweise zum Einsatz des Uhrzeiten-Lapbooks

Thematische Inhalte

In ihrem Uhrzeiten-Lapbook sammeln, dokumentieren und präsentieren die Schüler ihre Lern- und Arbeitsergebnisse zur mathematischen Größe „Zeit" in einer individuellen Entdeckermappe.

23 Faltvorlagen rund um die Uhrzeit bieten den Kindern Faltanleitungen und Impulse zur selbstständigen Erarbeitung des Themas.

Die inhaltlichen Angebote haben verschiedene Schwerpunkte:

1. Kennenlernen der Uhr: Stellen und Ablesen an Übungsuhren: Die Schüler lernen den Aufbau einer analogen und digitalen Uhr sowie einer Stoppuhr kennen. Sie stellen an ihnen verschiedene Uhrzeiten ein und lesen Uhrzeiten ab. Sie lernen die Teile der analogen Uhr kennen. Sie kennen die Einheiten der Zeit.
2. Uhrzeiten-Spiele: Die Schüler gestalten selbst eigene Spiele, wie Domino, Memo, Trio und Bingo, um verschiedene Uhrzeiten zu festigen.
3. Rund um die Uhr: Die Schüler lernen verschiedene Uhren (aktuelle und historische) und die Bedeutung der Zeit in ihrem Alltag kennen. Sie schätzen Zeitspannen und erarbeiten sich Zusatzwissen rund um das Themenfeld „Uhr".

Diese Schwerpunkte können unterschiedlich miteinander kombiniert und je nach Schwierigkeit in verschiedenen Klassenstufen ab Klasse 1 eingesetzt werden.

Einsatz im Unterricht

1. Präsentieren fertiger Lapbooks
Wenn die Schüler die Lapbook-Methode noch nicht kennen, sollten Sie sie bereits fertige Uhrzeiten-Lapbooks (von Vorgängerklassen oder ein von Ihnen gestaltetes Lapbook) zum Stöbern und Entdecken zur Verfügung stellen. Sollte dies nicht möglich sein, können Sie auch die Fotos dieses Materialbandes zeigen.

2. Zielorientierung
Informieren Sie Ihre Schüler darüber, dass Sie gemeinsam mit ihnen ein Uhrzeiten-Lapbook gestalten möchten. Geben Sie Hinweise zur genauen Vorgehensweise (z. B. Zeitraum, Inhalt).

3. Falten und Gestalten des Lapbook-Umschlags
Falten Sie gemeinsam mit Ihren Schülern den Lapbook-Umschlag. Dafür wählen sich die Kinder Tonkarton in ihrer Lieblingsfarbe aus.

Füllen Sie gemeinsam mit den Schülern die Namensschilder (S. 14) aus. Die Kinder gestalten die Vorlage farbig. Sie wird anschließend auf die Titelseite des Lapbooks geklebt.

4. (Selbstständiges) Arbeiten an den Minibüchern
Die Lapbook-Arbeit kann in Einzel-, Partner- oder Gruppenarbeit durchgeführt werden. Damit jeder Schüler auf das erarbeitete Wissen zurückgreifen kann, sollte er auch während einer Gruppenarbeit ein eigenes Lapbook gestalten.

Die Kinder erarbeiten (je nach gewählter Vorgehensweise) ihre Minibücher begleitend zur Unterrichtseinheit „Uhr" und kleben diese in ihr Lapbook ein.

Dabei können Sie methodisch unterschiedlich vorgehen:

- Die Kinder gestalten die Minibücher nach der gemeinsamen Erarbeitung als Ergebnissicherung und zur Übung im **lehrerzentrierten Unterricht**.
- Die Kinder gestalten die Minibücher **während eines Stationsbetriebs** selbstständig. Dafür wird für einzelne Stationen jeweils ein vorgegebenes Minibuch bearbeitet.
- Die Kinder erarbeiten sich die Themen zur Uhrzeit in ihrem **individuellen Tempo** im **offenen Unterricht**. Sie erhalten z. B. einen Wochenplan mit den zu bewältigenden Aufgaben.
- Die Kinder gestalten ihr Lapbook als **Wiederholung** im nächsten Schuljahr. Dabei werden neue Inhalte ergänzt.

5. Präsentation

Fertige Lapbooks können unterschiedlich präsentiert werden. So können die Lapbooks ...

- im Klassenzimmer ausgelegt und von den Schülern betrachtet werden.
- von den Schülern mithilfe von Impulsfragen kurz vorgestellt werden. (Was gefällt mir an meinem Lapbook besonders gut? Was hat mir Spaß gemacht? Was ist mir schwergefallen?)
- zum Elternabend den Eltern vorgestellt werden.

6. Leistungseinschätzung

Für die Lapbook-Arbeit bietet sich eine prozess- und ergebnisorientierte Leistungseinschätzung mit einem Bewertungsbogen (S. 16) an, um den Schülern eine Rückmeldung zur ihrem Lernprozess zu geben. Folgende Kriterien bieten sich für das Uhrzeiten-Lapbook an:

- Arbeitsverhalten während der Gestaltung
- Gestaltung (Schneiden, Falten, Kleben, Malen) des Lapbooks
- inhaltliche Erarbeitung (Richtigkeit der Ergebnisse, Finden eigener Aufgaben)

Um die Schüler ebenfalls dazu anzuregen, ihren eigenen Lernprozess zu reflektieren und ihr Lapbook einzuschätzen, bietet sich als Vorgabe ein Bogen zur Selbstreflexion an (S. 15).

Tipp: Geben Sie den Selbstbewertungsbogen bereits in den letzten Stunden vor der Abgabe des Lapbooks an die Kinder aus, damit sie die Möglichkeit haben, noch Veränderungen an ihrem Lapbook vorzunehmen. Der Bogen kann, mehrmals gefaltet, mit in das Lapbook geklebt werden.

Tipp: Der Bewertungsbogen kann auf der Lapbook-Rückseite aufgeklebt werden.

7. Weiterer Einsatz des Lapbooks im Unterricht

Der Vorteil des Lapbooks ist, dass es sowohl bereits während als auch nach der Gestaltung immer wieder zum Üben der Uhrzeit eingesetzt werden kann. Mithilfe der stellbaren Uhren üben die Kinder z. B. mit dem Partner das Stellen und Ablesen der Uhr. Dafür bietet die Kopiervorlage „Uhrzeit-Training“ (S. 26) Impulse für das selbstständige Üben. Bei den Minibüchern werden die Lösungen durch die Klappen zunächst abgedeckt. Die Schüler nennen die Lösungen und können diese durch Öffnen des Minibuchs selbst kontrollieren. Das Üben kann sowohl in Einzel- als auch in Partnerarbeit erfolgen.

Folgende Möglichkeiten gibt es, das Lapbook im Unterricht einzusetzen:

- Die Aufgaben werden als tägliche Übung zu Beginn einer Stunde in Einzelarbeit geübt.
- Die Kinder fragen sich während einer Übungsphase gegenseitig ab.
- Die Kinder spielen gemeinsam die erstellten Spiele. (Alle Spiele können auch in Einzelarbeit eingesetzt werden.)
- Das Lapbook wird zur Wiederholung der Uhrzeit eingesetzt.

Tipp: Bevor das Lapbook zum Üben eingesetzt wird, sollten Sie die eingetragenen Ergebnisse auf Richtigkeit überprüfen.

Tipp: Damit das Lapbook immer zur Verfügung steht, bietet es sich an, es in einer dickeren Prospekthülle im Hefter aufzubewahren.

Benötigtes Material

Material für den Umschlag

- mind. 1 farbiger DIN-A3-Karton je Schüler
- mind. 1 farbiges DIN-A4 Kopier- oder Tonpapier je Schüler
- DIN-A4-Tonkarton und Tonkartonreste zum Ankleben von zusätzlichen Klappen

Tipp: Für das Anbringen von Klappen eignet sich am besten breites Papier- oder Stoffklebeband (z. B. farbiges Malerkrepp). Rechnen Sie damit, dass Ihre Schüler beim Befestigen der Klappen Ihre Hilfe benötigen.

Tipp: Wenn Sie sehr viele Minibücher mit Ihren Schülern umsetzen möchten, bietet es sich an, zwei Umschläge in Grundfaltung an den Seitenklappen zusammenzukleben (s. Faltanleitung Lapbook, S. 13).

Material für die Minibücher

Für die Gestaltung der meisten Faltvorlagen benötigen die Schüler **Kleber, Schere sowie Bunt- und Schreibstifte**. Für Drehelemente werden außerdem oft **Musterklammern** eingesetzt. Es bietet sich zudem an, ein **Heftgerät** zur Verfügung zu stellen.

Benötigtes Zusatzmaterial wird in der Gesamtübersicht (S. 8–10) aufgeführt.

Tipp: Um den Schülern das Falten der Minibücher zu erleichtern, können Sie Muster vorbasteln und als Anschauungsbeispiel (ohne Inhalt) zur Verfügung stellen. Diese können Sie z. B. auf einem Plakat, in mehreren Lapbooks oder auf Karteikarten zentral im Klassenzimmer bereitstellen.

Infomaterial

Im Materialteil finden Sie zehn Infokarten, mit denen sich die Schüler die mathematische Größe „Uhr" selbstständig erarbeiten können. Werden die Infokarten für eine Faltvorlage benötigt, ist dies auf der Kopiervorlage angegeben.

Tipp: Vergrößern und laminieren Sie die Infokarten im DIN-A4-Format.

Tipp: Die Infokarten bieten sich auch als Merkposter für das Lapbook an. Dazu falten die Kinder die Infokarte in der Mitte und kleben sie z. B. in eine Seitenklappe ein.

Für die inhaltliche Erarbeitung können Sie auch mit dem in der Klasse üblichen Unterrichtsmaterial, wie Lehrbücher, Arbeitshefte oder Karteien, arbeiten. Auch die Kombination mit einer interaktiven Tafel ist möglich.

Aufbewahrung der fertigen Lapbooks

Durch das Zusammenfalten auf DIN-A4-Größe kann das Lapbook in einer Prospekthülle im Hefter aufbewahrt werden.

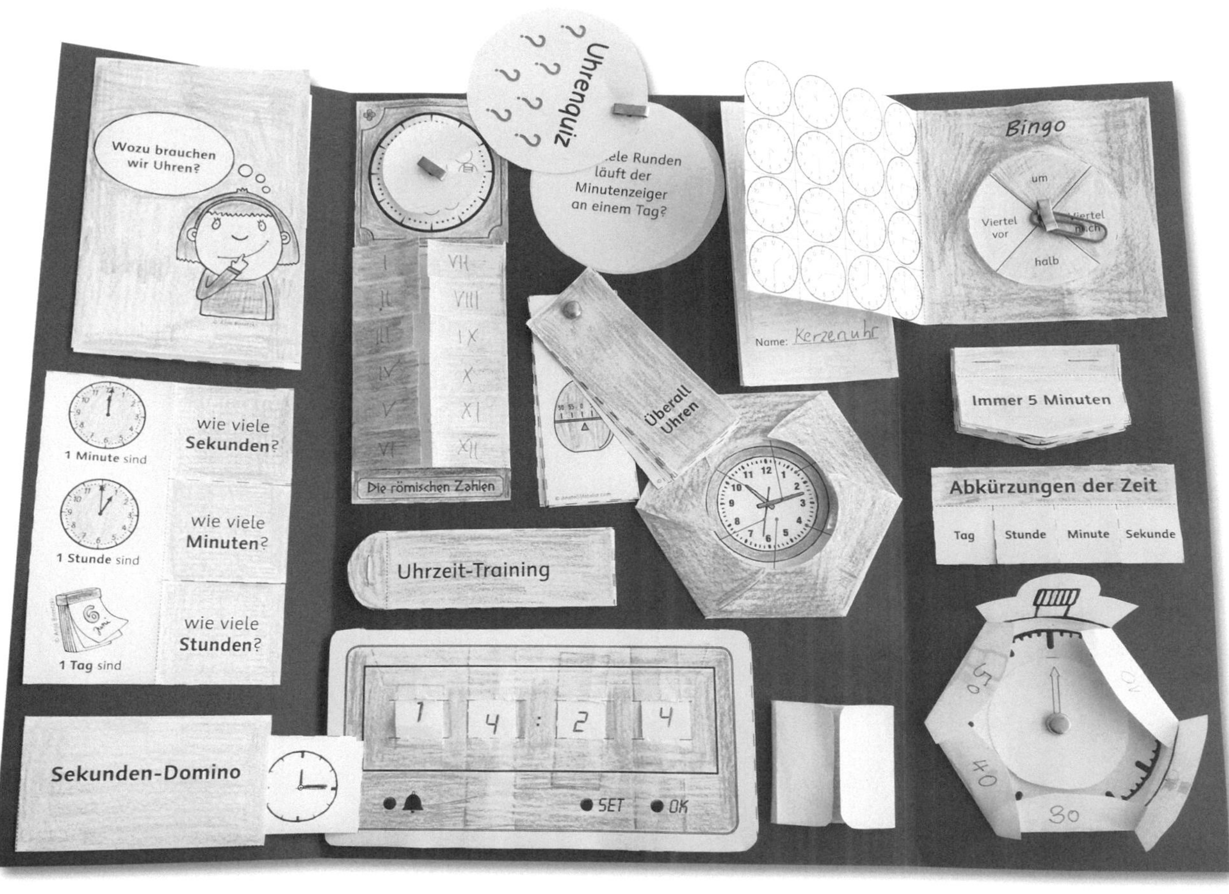

Übersicht der Kopiervorlagen

Allgemeine Vorlagen

Material	Beschreibung	Verwendungsmöglichkeiten	Benötigtes Zusatzmaterial
Symbole (S. 12)	Erklärung der Symbole auf den Kopiervorlagen	✔ Aushang im Klassenzimmer ✔ Erklärung zu Beginn der Arbeit	
Faltanleitung Lapbook (S. 13)	Anleitung zum Falten eines einfachen Umschlags	✔ Kopien für die Schülerhand ✔ gemeinsames Falten beim erstmaligen Gestalten eines Lapbooks	für jeden Schüler: ♦ mind. ein farbiger DIN-A3-Karton ♦ mind. ein farbiges DIN-A4-Blatt
Deckblatt (S. 14)	Vorlagen für das Deckblatt mit Titel, Name, Klasse	✔ Kopien für die Schülerhand ✔ Vorlage als Beispiel	
So ist mein Uhrzeiten-Lapbook (S. 15)	Einschätzung ihres eigenen Lernprozesses durch die Schüler während der Erstellung bzw. nach Fertigstellung des Lapbooks	✔ Kopien für die Schülerhand ✔ Selbsteinschätzung der Lapbook-Arbeit durch die Schüler anhand von Smileys **Tipp:** mind. 2-mal mittig falten und als Minibuch mit in das Lapbook kleben oder auf die Lapbook-Rückseite kleben	
So ist dein Uhrzeiten-Lapbook (S. 16)	Einschätzungsbogen zum prozess- und ergebnisorientierten Bewerten des Lapbooks	Bewertungskriterien vorher besprechen! **Tipp:** Bewertungsbogen auf die Rückseite des Lapbooks kleben oder zusammenrollen und als Rolle in das Lapbook kleben	

Infokarten (S. 17–21)

Nr.	Thema	Verwendungsmöglichkeiten	Benötigtes Zusatzmaterial
Infokarte 1	Die Uhr (S. 17)	✔ Sachtexte und Methodenkarten für die Bearbeitung der Minibücher ✔ Karten möglichst auf DIN A4 kopieren und zum mehrmaligen Gebrauch laminieren (evtl. die Zeiger vorher farbig ausmalen) ✔ zur selbstständigen Erarbeitung im Klassenzimmer als Kartei zur Verfügung stellen oder als Kopie für die Schülerhand ausgeben **Tipp:** Die Infokarten bieten sich auch als Merkposter für das Lapbook an. Dazu falten die Schüler die Infokarte in der Mitte und kleben Sie z. B. in eine Seitenklappe ein.	♦ Laminierfolien oder Prospekthüllen ♦ Karteikasten
Infokarte 2	Die Stunden (S. 17)		
Infokarte 3	Viertel-, halbe und Dreiviertelstunden (S. 18) Hinweis: Wählen Sie bei Bedarf die regionale Sprechweise der Uhrzeit aus. Übermalen oder überkleben Sie dazu die andere Uhrzeit vor dem Kopieren.		
Infokarte 4	Die Minuten (S. 18)		
Infokarte 5	Die Sekunden (S. 19)		
Infokarte 6	Die Zeit (S. 19)		
Infokarte 7	Zeitpunkt und Zeitspanne (S. 20)		
Infokarte 8	Messen mit einer Stoppuhr (S. 20)		
Infokarte 9	Uhren in der Geschichte (S. 21)		
Infokarte 10	Uhren mit römischen Zahlen (S. 21)		

Faltvorlagen zum „Kennenlernen der Uhr"

Faltvorlage	Inhaltliche Schwerpunkte	Hinweise	Zusatzmaterial (Lehrer)
Meine Uhr (S. 22/23)	✔ Unterscheidung von Minuten- und Stundenzeiger ✔ verschiedene Lesarten der Uhr (Tageshälften, Minuten) ✔ Stellen und Ablesen einer Analoguhr	✔ gewünschte Farben für das Ausmalen der verschiedenen Zeiger ergänzen ✔ evtl. die Uhr durch „Meine Uhr (2/2)" mit der zweiten Tageshälfte (13–24 Uhr) und den 5-Minuten-Schritten ergänzen	♦ Kartonreste für Zeiger ♦ Musterklammern
Meine Digitaluhr (S. 24)	✔ Schreibweise digitaler Zahlen kennenlernen ✔ Stellen und Ablesen einer Digitaluhr	wenn möglich, auf stärkeres Papier kopieren	Tonkarton
Meine Stoppuhr (S. 25)	Stellen und Ablesen des Sekundenzeigers		Musterklammern
Uhrzeit-Training (S. 26)	verschiedene Aufgabenstellungen, die in Partnerarbeit an den Übungsuhren geübt werden		Heftgerät
Die Teile der Uhr (S. 27)	Teile einer analogen Uhr zuordnen: Stundenzeiger, Minutenzeiger, Sekundenzeiger, Stundenstrich, Minutenstrich, Zifferblatt		
Immer 5 Minuten (S. 28)	✔ 5-Minuten-Schritte auf der analogen Uhr anhand der Stundenstriche erkennen und notieren ✔ Analogie zum 1x5		Heftgerät
Die Einheiten der Zeit (S. 29)	✔ Kennenlernen der Zeiteinheiten und Abkürzungen d, h, m, s ✔ Tag, Stunde, Minute und Sekunde miteinander in Beziehung setzen		

Faltvorlagen „Rund um die Uhr"

Faltvorlage	Inhaltliche Schwerpunkte	Hinweise	Zusatzmaterial (Lehrer)
Überall Uhren (S. 30)	verschiedene Uhren im Alltag benennen, finden und zeichnen		Musterklammern
Meine Uhrensammlung (S. 31)	✔ Uhren im Umfeld fotografieren, zeichnen, ausschneiden ✔ Funktionen und Einsatzmöglichkeiten der Uhr	evtl. als Hausaufgabe aufgeben	
Wozu brauchen wir Uhren? (S. 32)	sich der Notwendigkeit standardisierter Uhren bewusst werden		
Zeitmesser früher (S. 33)	✔ Zeitmesser aus früherer Zeit kennenlernen ✔ Schwachstellen und Notwendigkeit standardisierter Messwerkzeuge erkennen		♦ evtl. Sanduhr ♦ evtl. Sonnenuhr ♦ evtl. Wasseruhr ♦ evtl. Kerzenuhr zum Vormachen
Was passiert wann? (S. 34)	✔ Tätigkeiten im Alltag den vollen Stunden zuordnen ✔ Handlungen im Alltag einem zeitlichen Ablauf zuordnen		

Faltvorlage	Inhaltliche Schwerpunkte	Hinweise	Zusatzmaterial (Lehrer)
Tag und Nacht (S. 35)	unterschiedliche Tätigkeiten am Tag und in der Nacht finden und schreiben oder malen		
24 Stunden (S. 36)	✔ begreifen, dass ein Tag 24 Stunden hat ✔ Tätigkeiten im Alltag den vollen Stunden zuordnen		
Halbe, Viertel- und Dreiviertel-stunden (S. 37)	✔ Unterscheidung von Zeitpunkt und Zeitdauer ✔ Zeitpunkt: Minutenzeiger für die Viertel-, halbe, Dreiviertel- und volle Stunde einzeichnen ✔ Zeitdauer: Zeitdauer farbig auf dem Zifferblatt markieren		Heftgerät
Wie lange dauert es? (S. 38)	✔ Schätzen und Messen von Zeitspannen ✔ Gefühl für Zeitspannen und eigenes Zeitempfinden entwickeln ✔ eigene Aufgaben ausdenken		Stoppuhr
Wie lange dauert es? (S. 38)	✔ Schätzen und Messen von Zeitspannen ✔ Gefühl für Zeitspannen und eigenes Zeitempfinden entwickeln ✔ sich eigene Aufgaben ausdenken		Stoppuhr
Fernsehprogramm (S. 39)	Zeitdauer von verschiedenen Fernseh-programmen bestimmen	Fernsehprogramm als Hausaufgabe mitbrin-gen lassen	aktuelles Fernseh-programm
Die römischen Zahlen (S. 40)	✔ analoge Uhren mit römischen Ziffern und deren Geschichte kennen ✔ Aufbau der römischen Ziffern verstehen		♦ Musterklammern ♦ evtl. Uhr mit römischen Zahlen

Faltvorlagen „Spiele rund um die Uhr"

Faltvorlage	Inhaltliche Schwerpunkte	Hinweise	Zusatzmaterial (Lehrer)
Uhren-Bingo (S. 41)	Legespiel zum Automatisieren der Begriffe und passender Uhrzeiten: viertel/Viertel nach, halb, drei viertel/Viertel vor, um	Differenzierung: Geben Sie bei Bedarf Uhrzeiten vor, die eingetragen werden sollen. Schreiben Sie diese z. B. an die Tafel oder notieren Sie die gewünschten Uhrzei-ten vor dem Kopieren in der Vorlage.	♦ Musterklammern ♦ Büroklammern
Volle-Stunden-Trio (S. 42/43)	✔ Uhrzeiten mit vollen Stunden in eine analoge Uhr eintragen ✔ Vormittags- und Nachmittagszeit (24 Stunden) notieren		
Mein Uhrenquiz (S. 44)	✔ Quizfragen zum Aufbau der Uhr beantworten ✔ eigene Fragen zur Uhr formulieren und beantworten		♦ Musterklammern ♦ Uhr ♦ Pappreste für Schablone ♦ leeres Kopierpapier für weitere Quizfragen
Minuten-Memo (S. 45/46)	✔ Uhrzeiten mit Minuten auf einer analogen Uhr einzeichnen ✔ Uhrzeiten auf einer digitalen Uhr notieren		
Sekunden-Domino (S. 46/47)	✔ Uhrzeiten mit Sekunden auf einer analogen Uhr einzeichnen und in der digitalen Schreibweise notieren		

Kopiervorlagen

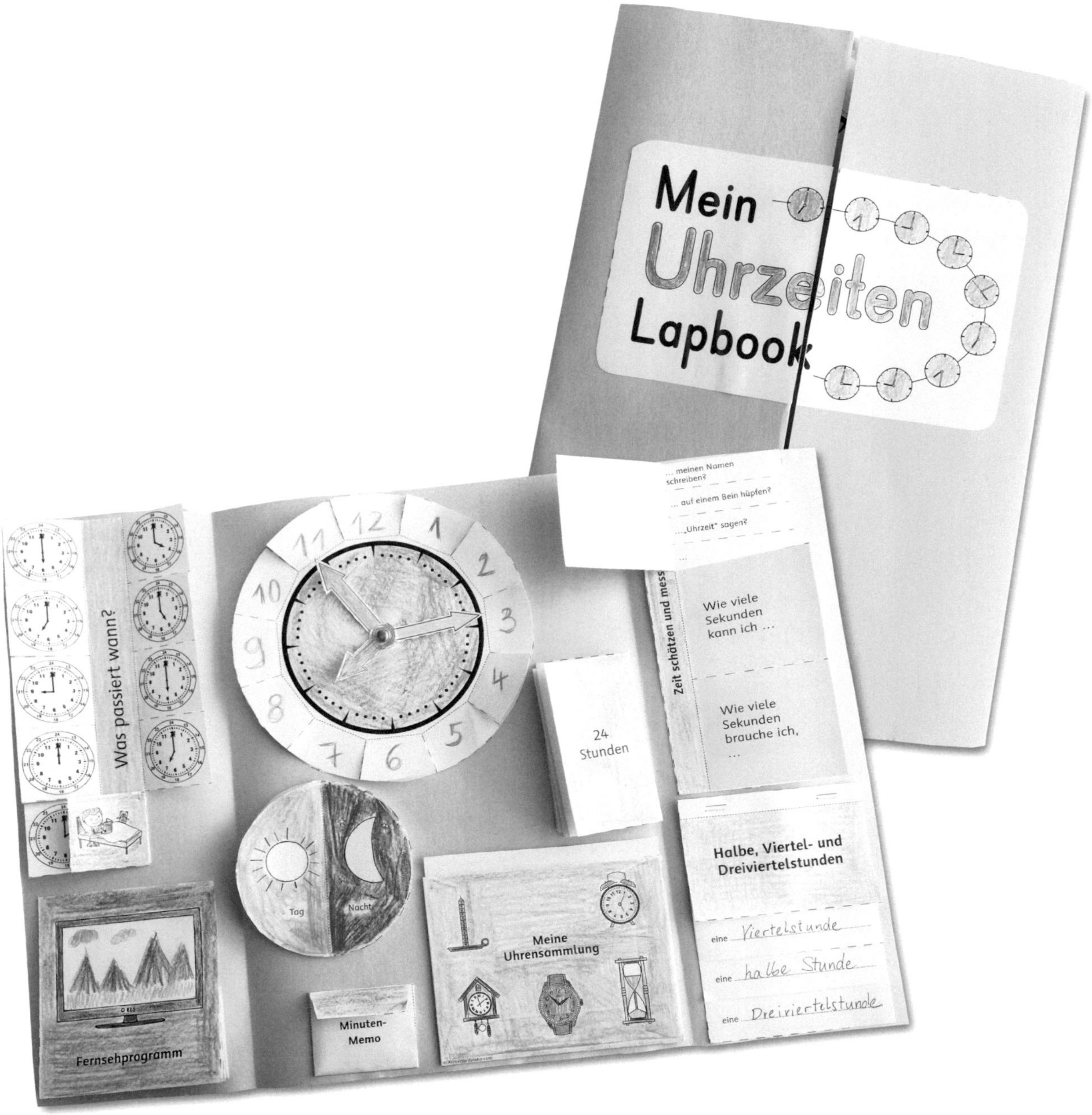

Symbole

Diese Symbole findest du auf den Materialien. Sie bedeuten:

Schneide die Vorlage aus und falte diese wie angegeben.

Schneidelinie: — — — — — —

Faltlinie: ....

Klebe die Vorlage wie angegeben zusammen.

Bearbeite die Aufgabe und fülle das Minibuch entsprechend aus.

Für diese Aufgabe gibt es eine Infokarte.

Viel Spaß!

Faltanleitung Lapbook

Du brauchst:

- 1 farbigen A3-Tonkarton
- 1 farbiges A4-Kopierpapier
- Klebeband
- Tonkartonreste
- Kleber
- Schere

(1) Falte den A3-Tonkarton in der Mitte.
(2) Öffne den Tonkarton wieder. Falte nun beide Seiten zur Mitte.
(3) Klebe ein farbiges A4-Kopierpapier in die Mitte.
(4) Wenn du mehr Platz benötigst, klebst du mit Klebeband weitere Klappen an.
(5) Du kannst auch mehrere Lapbooks an den Seitenklappen aneinanderkleben.

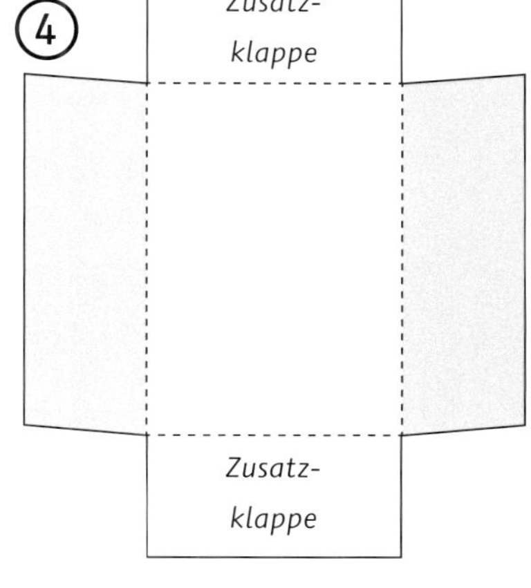

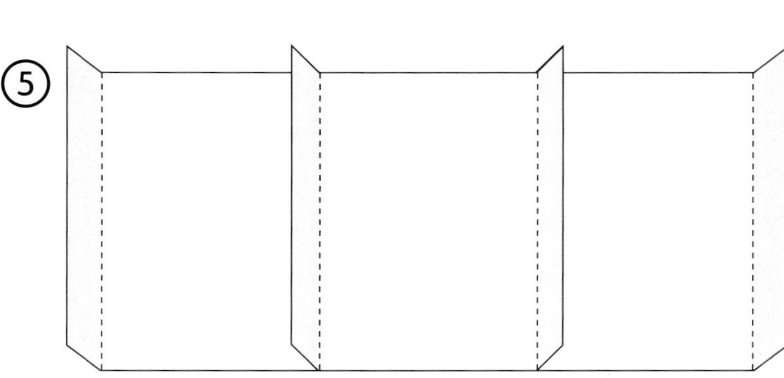

Deckblatt

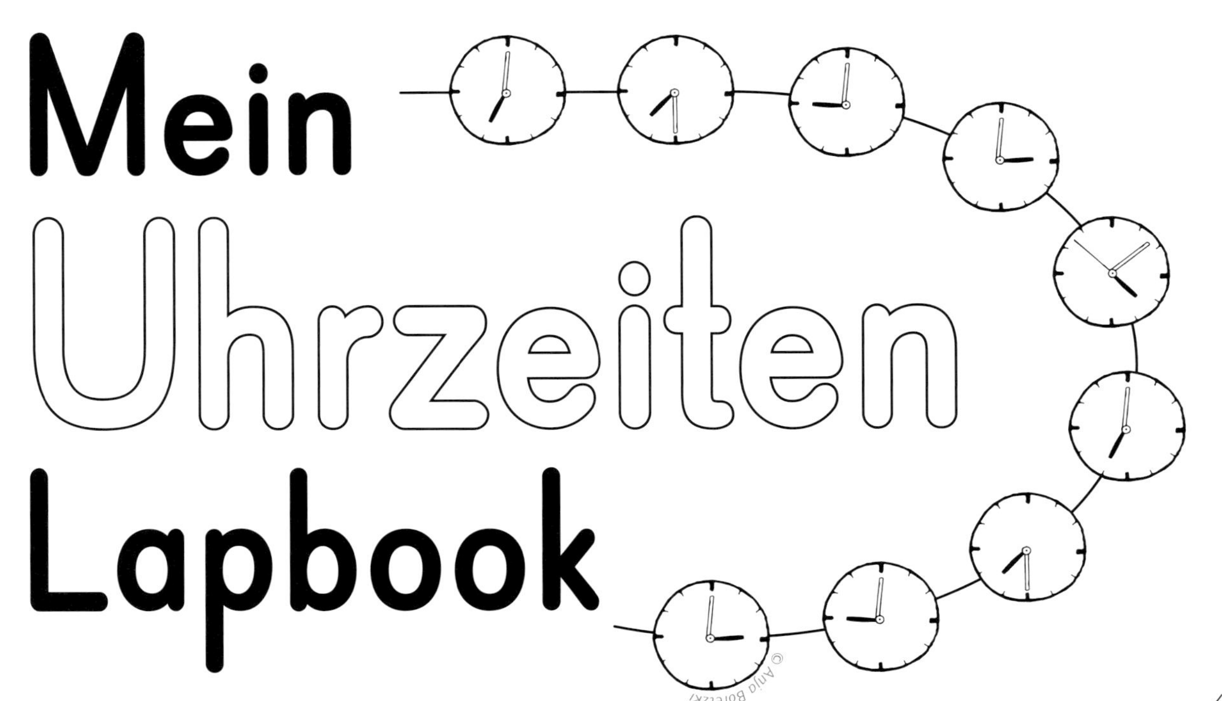

Name: ....

Klasse: ....

Fach: ....

Datum: ....

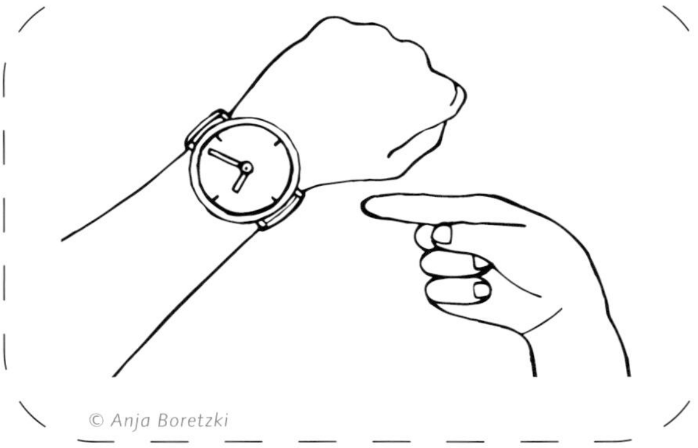

Diese Vorlagen kannst du für die Gestaltung deiner Titelseite verwenden.

① Schneide beide Vorlagen aus und klebe sie auf die Titelseite.

❷ **Ergänze die Angaben mit deinen Daten.**

❸ **Gestalte die Titelseite passend zur Uhr. Verwende dafür auch die Bilder auf dieser Seite.**

So ist mein Uhrzeiten-Lapbook

Name: .... **Klasse:** .... **Datum:** ....

Schätze ein, wie du die einzelnen Aufgaben erfüllt hast.

Ich habe sauber und ordentlich gearbeitet.	☺	😐	☹
Ich habe meinen Umschlag gestaltet.	☺	😐	☹
Ich habe mindestens 2 Uhren gebastelt.	☺	😐	☹
Ich habe die Zeiger sauber eingezeichnet.	☺	😐	☹
Ich kenne die Teile der Uhr.	☺	😐	☹
Ich kenne verschiedene Uhren und ihre Verwendung.	☺	😐	☹
Ich kenne die Einheiten der Zeit.	☺	😐	☹
Ich kenne Zusatzwissen zur Zeit.	☺	😐	☹
Ich kann Uhrzeiten mit Tätigkeiten verbinden.	☺	😐	☹
Ich kann Stunden, Minuten und Sekunden an einer Uhr ablesen.	☺	😐	☹
Ich kann Uhrzeitenspiele basteln.	☺	😐	☹
Ich kann Zeitspannen berechnen.	☺	😐	☹

Das ist mir schwergefallen:

....

....

....

Das ist mir leichtgefallen:

....

....

....

So gefällt mir mein Lapbook insgesamt: ☺ 😐 ☹

So ist dein Uhrzeiten-Lapbook

Name: .... **Klasse:** .... **Zeitraum:** ....

	Punkte	Bemerkung
Arbeitsweise		
Du hast selbstständig gearbeitet.	☺ 😐 ☹	
Du hast unsere Regeln eingehalten.	☺ 😐 ☹	
Gestaltung		
Du hast sauber und ordentlich gearbeitet.	☺ 😐 ☹	
Du hast deinen Umschlag gestaltet.	☺ 😐 ☹	
Du hast mindestens 2 Uhren gebastelt.	☺ 😐 ☹	
Du hast die Zeiger sauber eingezeichnet.	☺ 😐 ☹	
Inhalt		
Du kennst die Teile der Uhr.	☺ 😐 ☹	
Du kennst verschiedene Uhren und ihre Verwendung.	☺ 😐 ☹	
Du kennst die Einheiten der Zeit.	☺ 😐 ☹	
Du kennst Zusatzwissen zur Zeit.	☺ 😐 ☹	
Du kannst Uhrzeiten mit Tätigkeiten verbinden.	☺ 😐 ☹	
Du kannst Stunden, Minuten und Sekunden an einer Uhr ablesen.	☺ 😐 ☹	
Du kannst Uhrzeitenspiele basteln.	☺ 😐 ☹	
Du kannst Zeitspannen berechnen.	☺ 😐 ☹	
Selbsteinschätzung		
Du schätzt dein Lapbook gut ein.	☺ 😐 ☹	

Das ist besonders toll an deinem Lapbook:	
Diesen Tipp habe ich für dich:	

Gesamtpunktzahl: .... **Note:** ....

Infokarten 1/5

Die Uhr

Infokarte 1

Mit der Uhr misst du die Zeit.

Viele Uhren besitzen ein Zifferblatt und 2 Zeiger. Man nennt sie „Analoguhren“.

Der **große Zeiger** heißt Minutenzeiger. Er läuft in einer Stunde einmal rund um die Uhr. Der Minutenzeiger zeigt dir die Minuten an.
Der **kleine Zeiger** heißt Stundenzeiger. Er läuft am Tag 2-mal rund um die Uhr. Der Stundenzeiger zeigt dir die Stunden an.

Einige Uhren haben noch einen dritten Zeiger. Dieser ist lang und schmal. Das ist der Sekundenzeiger. Er läuft in einer Minute einmal rund um die Uhr. Der Sekundenzeiger zeigt dir die Sekunden an.

Uhren, bei denen nur die Ziffern zu sehen sind, heißen Digitaluhren.

12:00

Die Stunden

Infokarte 2

Um von einer Zahl zur anderen zu wandern, braucht der Stundenzeiger eine Stunde.

Der Minutenzeiger zeigt auf die 12.
Der Stundenzeiger zeigt auf die 1.

Es ist 1 Uhr.

1 Uhr
1:00 Uhr

Ein Tag hat 24 Stunden. Von Mitternacht (0 Uhr) bis Mittag (12 Uhr) wandert der Stundenzeiger einmal im Kreis.
Dafür braucht er 12 Stunden.

Von Mittag (12 Uhr) bis Mitternacht (24 Uhr) wandert der Stundenzeiger ein zweites Mal im Kreis. Wieder sind 12 Stunden vergangen.
Deshalb gibt eine Zeigerstellung 2 Uhrzeiten an.

Am Morgen ist es 6 Uhr.
Am Abend ist es 18 Uhr.

6 Uhr
18:00 Uhr

Digitaluhren zeigen die Tages- und Nachtzeiten genau an.

13:30

Infokarten 2/5

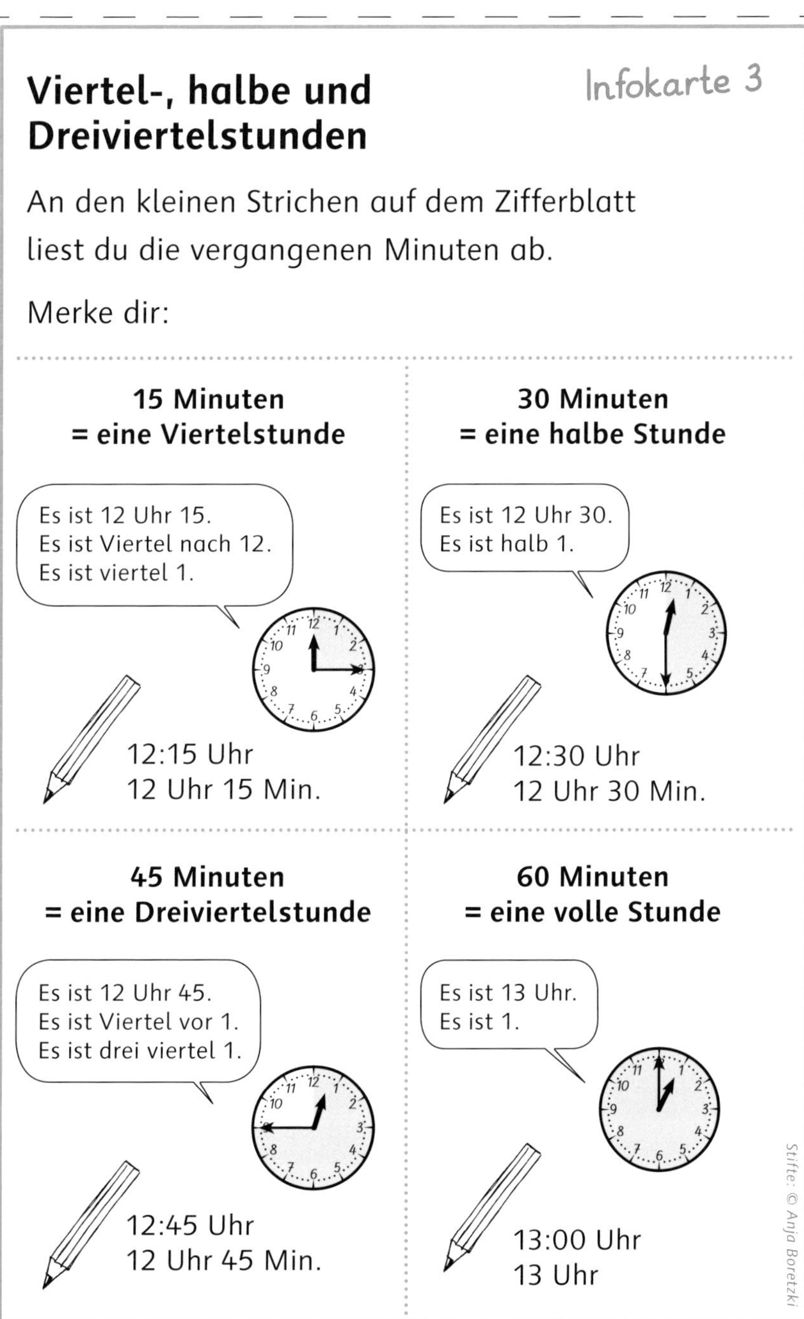

Die Minuten

Infokarte 4

Der **Minutenzeiger** wandert in einer Stunde einmal im Kreis. → Eine Stunde hat 60 Minuten.

Den Weg, den der Minutenzeiger nach der 12 zurücklegt, zählst du mit den **Minutenstrichen**.

An den dicken **Stundenstrichen** sind immer 5 Minuten vergangen.

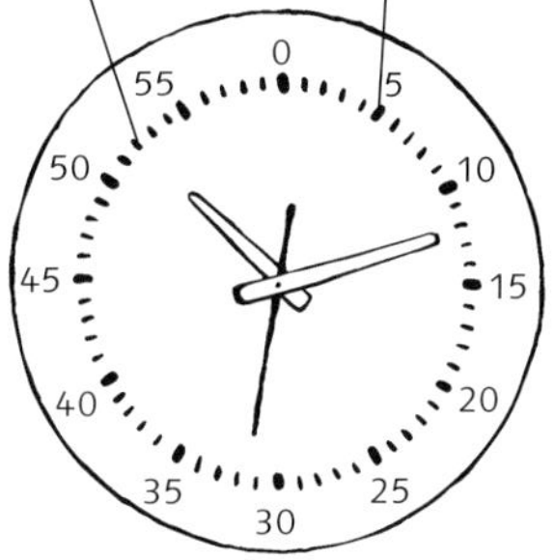

Es ist 10 Uhr 12.

10:12 Uhr
10 Uhr 12 Minuten

Auf einer Digitaluhr siehst du die Minuten nach dem Doppelpunkt.

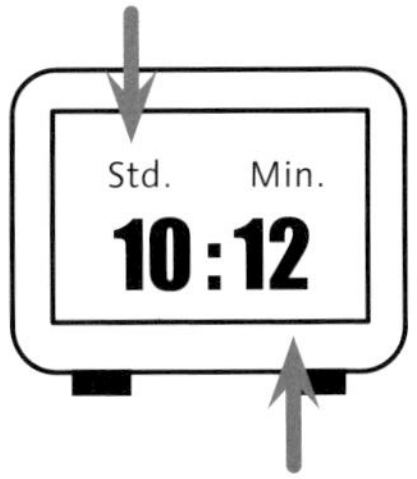

hier stehen die Stunden
Std. Min.
10:12
hier stehen die Minuten

Uhr/Stift: © Anja Boretzki

© Verlag an der Ruhr | Autorin: Doreen Blumhagen | ISBN 978-3-8346-3903-5 | www.verlagruhr.de

© Verlag an der Ruhr | Autorin: Doreen Blumhagen | ISBN 978-3-8346-3903-5 | www.verlagruhr.de

Die Sekunden

Infokarte 5

Manche Uhren haben einen **Sekundenzeiger**. Er ist lang und dünner als der Minutenzeiger.

Der Sekundenzeiger wandert in einer Minute einmal im Kreis. → Eine Minute hat 60 Sekunden.

Den Weg, den der Sekundenzeiger nach der 12 zurücklegt, zählst du auch mit den **Minutenstrichen**.

An den dicken **Stundenstrichen** sind immer **5 Sekunden** vergangen.

Es ist 10 Uhr 12 und 31 Sekunden.

10:12 Uhr, 31 Sek.

10 Uhr, 12 Min. und 57 Sek.

Bei einer Digitaluhr mit Sekundenanzeige siehst du die Sekunden als kleine Zahl neben den Minuten.

10:12:31

Uhr/Stift: © Anja Boretzki

Die Zeit

Infokarte 6

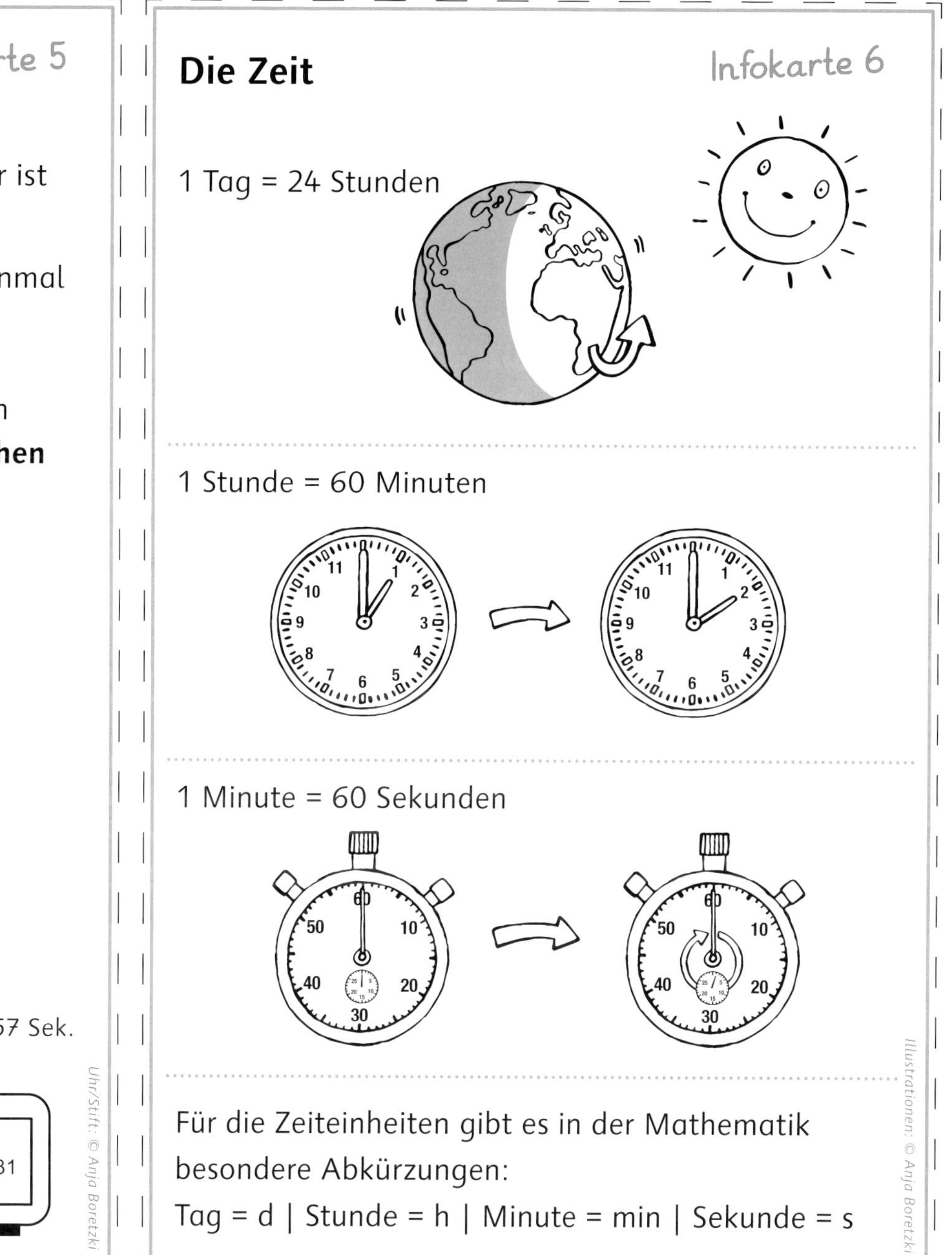

1 Tag = 24 Stunden

1 Stunde = 60 Minuten

1 Minute = 60 Sekunden

Für die Zeiteinheiten gibt es in der Mathematik besondere Abkürzungen:

Tag = d | Stunde = h | Minute = min | Sekunde = s

Illustrationen: © Anja Boretzki

Zeitpunkt und Zeitspanne

Infokarte 7

Zwischen 2 Zeitpunkten liegt eine Zeitspanne.
Die Zeitspanne sagt dir, wie viel Zeit vergangen ist oder wie lange etwas gedauert hat.

Zeitpunkt beim Start 13 Uhr — 1 h — Zeitpunkt am Ende 14 Uhr

Es hat eine Stunde gedauert.
Es ist eine Stunde vergangen.

Uhren: © Anja Boretzki

Messen mit einer Stoppuhr

Infokarte 8

Mit einer Stoppuhr misst du kurze Zeitspannen sekundengenau. Du kennst sie zum Beispiel aus dem Sportunterricht, wenn dein Lehrer misst, wie schnell du eine Strecke gelaufen bist.

Für Stoppuhren mit einem Ziffernblatt gilt:
Um eine Zeitspanne zu **messen**, drückst du hier einmal zum Start und wieder zum Ende.

Die vergangenen **Minuten** siehst du auf dem kleinen Kreis.

Die Stoppuhr hat nur einen großen **Sekundenzeiger**. Die vergangenen Sekunden liest du an den Strichen ab.

© Strezhnev Pavel – Fotolia.com

Für eine digitale Stoppuhr gilt:

Um eine **Zeitpanne** zu messen, drückst du hier auf Start und Stopp.

Vergangene Minuten

Vergangene Sekunden

© pandavector – Fotolia.com

© Verlag an der Ruhr | Autorin: Doreen Blumhagen | ISBN 978-3-8346-3903-5 | www.verlagruhr.de

Infokarten 5/5

Uhren in der Geschichte

Infokarte 9

Sonnenuhren gehören zu den ältesten Uhren. Sie entstanden etwa 1400 vor Christus in Ägypten. Der Stab wirft einen Schatten auf eine Zahl, die die Uhrzeit anzeigt. Die Uhr funktioniert allerdings nur bei Sonnenschein.

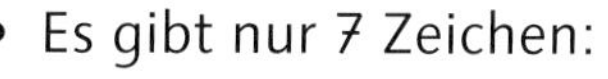

Wasseruhren gab es schon 200 Jahre vor Christus. Man füllte ein Gefäß mit Wasser. Am Bodenrand war ein Loch, aus dem das Wasser heraustropfte. Für jede Stunde gab es in der Schüssel eine Markierung.

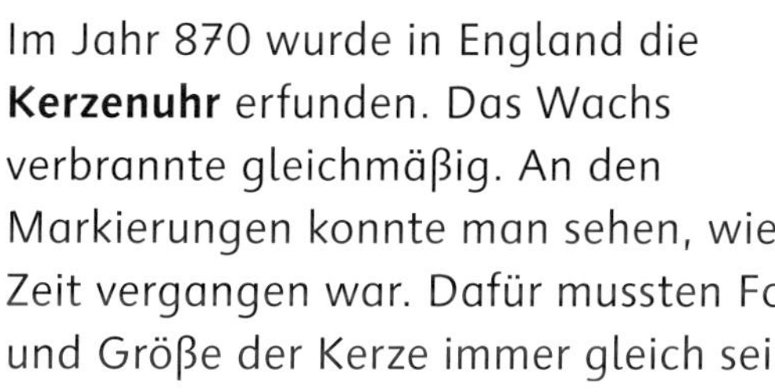

Im Jahr 870 wurde in England die **Kerzenuhr** erfunden. Das Wachs verbrannte gleichmäßig. An den Markierungen konnte man sehen, wie viel Zeit vergangen war. Dafür mussten Form und Größe der Kerze immer gleich sein.

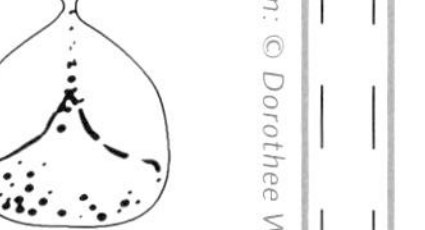

Bei einer **Sanduhr** sind 2 Behälter mit einem schmalen Rohr verbunden. Ein Behälter ist mit Sand gefüllt. Dreht man diesen nach oben, rieselt der Sand in den unteren Behälter. Es gibt Uhren mit unterschiedlicher Menge Sand, zum Beispiel für 30 Minuten oder 1 Stunde.

Uhren mit römischen Zahlen

Infokarte 10

Die ersten mechanischen Uhren entstanden im frühen Mittelalter. Zu dieser Zeit war es in Mitteleuropa üblich, dass mit römischen Zahlen geschrieben und gerechnet wurde. Auch heute gibt es noch oft Uhren mit römischen Zahlen auf dem Zifferblatt.

Für das Schreiben der römischen Zahlen gelten folgende Regeln:

- Es gibt nur 7 Zeichen:
  I = 1 V = 5 X = 10 L = 50
  C = 100 D = 500 M = 1000
- Für die anderen Zahlen musst du mehrere Zeichen zusammensetzen und addieren oder subtrahieren:
  → I rechnest du immer zusammen.
  → Zeichen, die links von V oder X stehen, ziehst du von ihnen ab.
  → Zeichen, die rechts von V oder X stehen, rechnest du dazu.

Beispiele: II = 2, denn 1 + 1 = 2
VII = 7, denn 5 + 2 = 7
IX = 9, denn 10 – 1 = 9

Forscherfrage:
Auf vielen römischen Uhren wird die 4 trotz Rechenregel statt mit IV mit IIII angegeben. Finde heraus, warum das so ist.

Meine Uhr 1/2

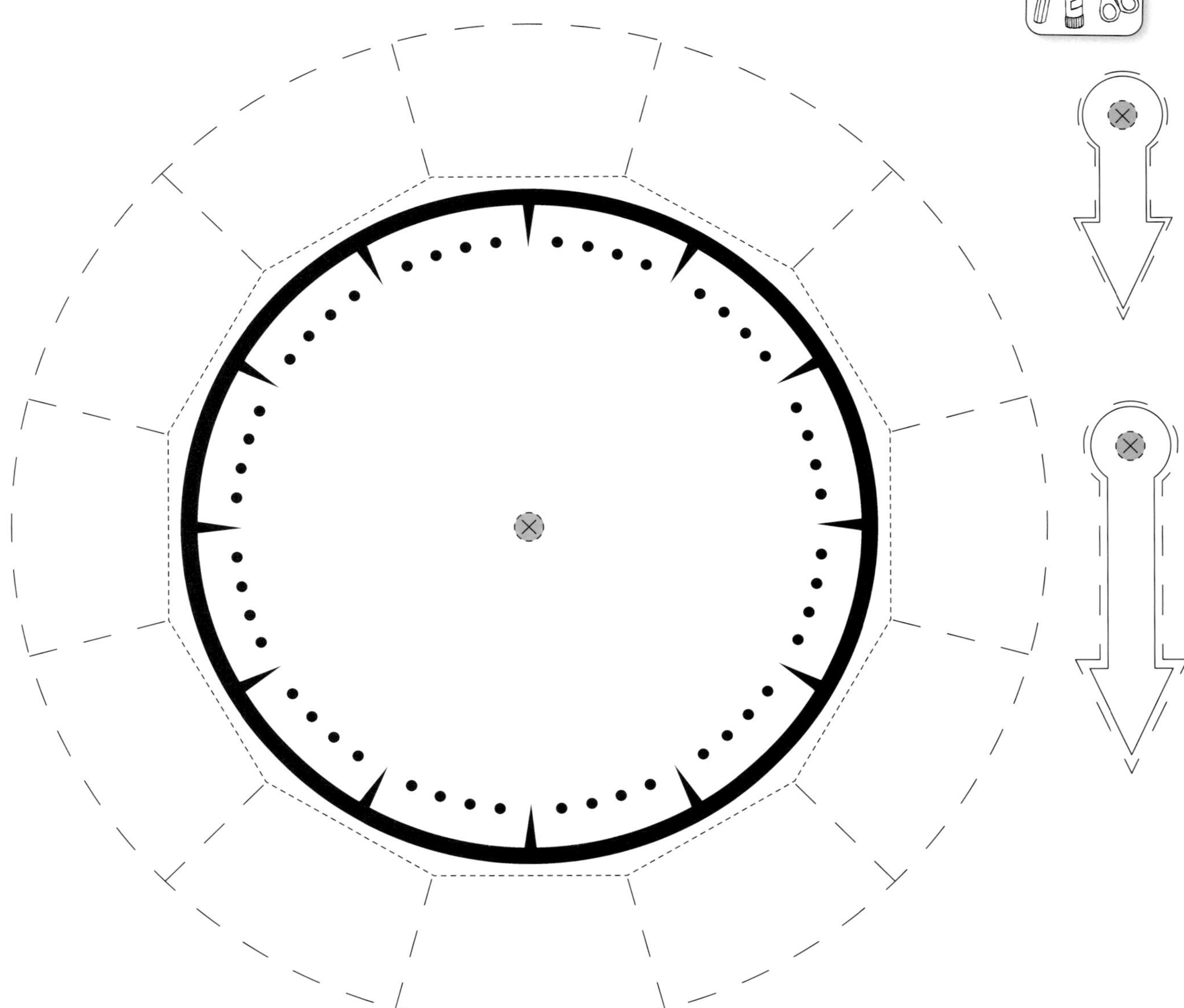

① Schneide alle Teile aus. Schneide die Klappen ein.
② Stich die Punkte ⊗ auf den Zeigern und auf der Uhr durch.
Verbinde die Zeiger und die Uhr mit einer Klammer:
1. Stundenzeiger, 2. Minutenzeiger, 3. Zifferblatt.
❸ **Schreibe auf die Vorderseite der Klappen die Stunden 1–12 mit der gleichen Farbe des Stundenzeigers.**
④ Befestige die Uhr mit der Musterklammer auf deinem Lapbook.
Die 12 muss oben sein.

Tipps Male den Stundenzeiger (kurz) .... und den Minutenzeiger (lang) .... aus. Klebe die Zeiger vorher auf Pappe.

Meine Uhr 2/2

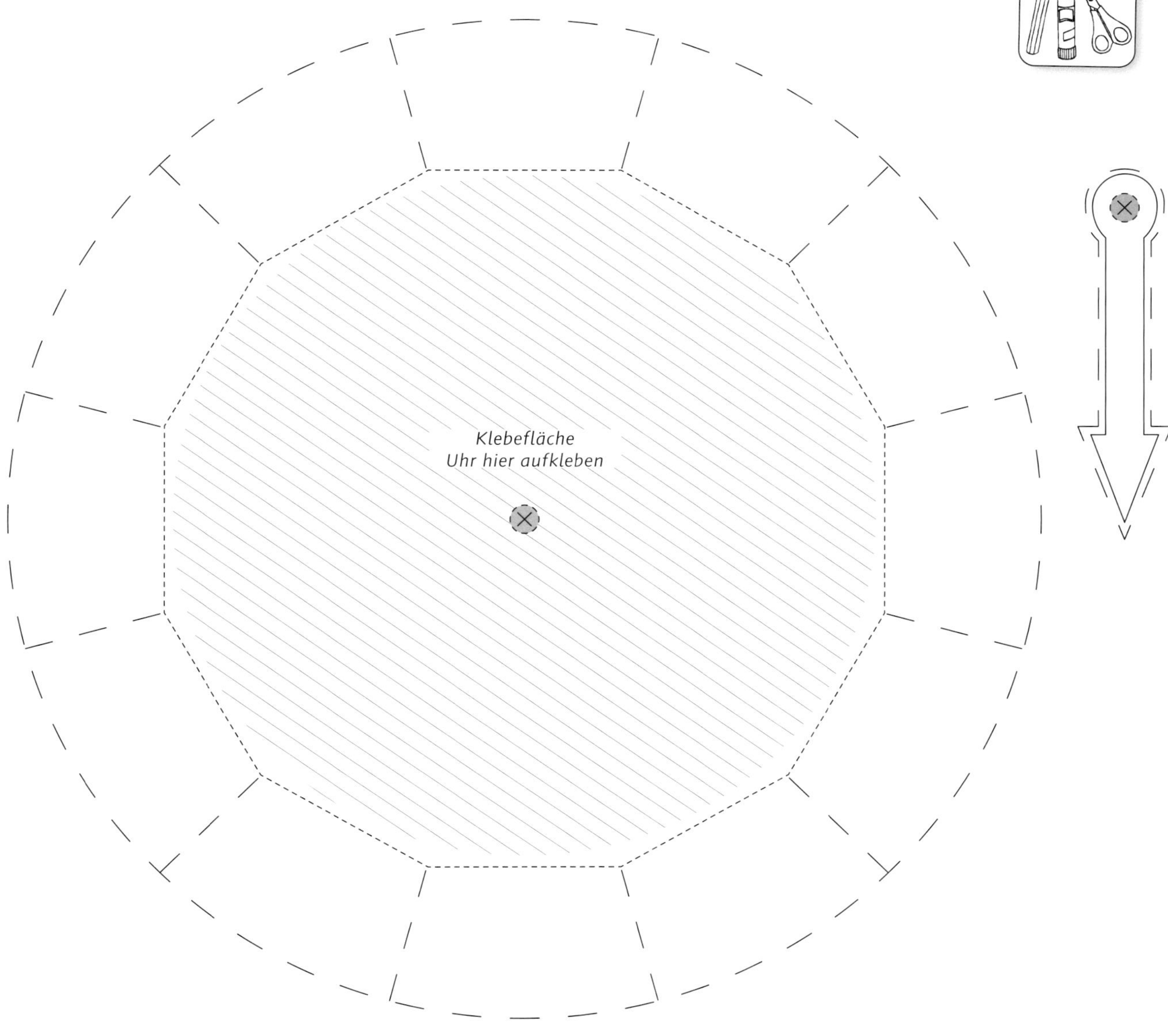

(1) Schneide die Vorlage aus. Schneide die Klappen ein.

(2) Klebe nur die Uhr von der vorherigen Seite auf die Mitte der Vorlage.
Stecke die Musterklammer durch beide Vorlagen ⊗.

(3) Bearbeite eine oder mehrere der folgenden Aufgaben.
Hinweis: Schneide für jede weitere Aufgabe die beiden Vorlagen erneut aus.

a) 13–24 Uhr: Schreibe für die zweite Tageshälfte die Zahlen 13–24 mit der Farbe des Stundenzeigers auf die Klappen.

b) Minuten: Schreibe für die Minuten die 5-Minuten-Schritte mit der Farbe des Minutenzeigers auf die Klappen.

c) Sekunden: Schreibe für die Sekunden die 5-Sekunden-Schritte mit der Farbe des Sekundenzeigers auf die Klappen. Schneide den Sekundenzeiger aus und befestige ihn unter dem Minutenzeiger.

(4) Befestige die Uhr wieder auf deinem Lapook.

Meine Digitaluhr

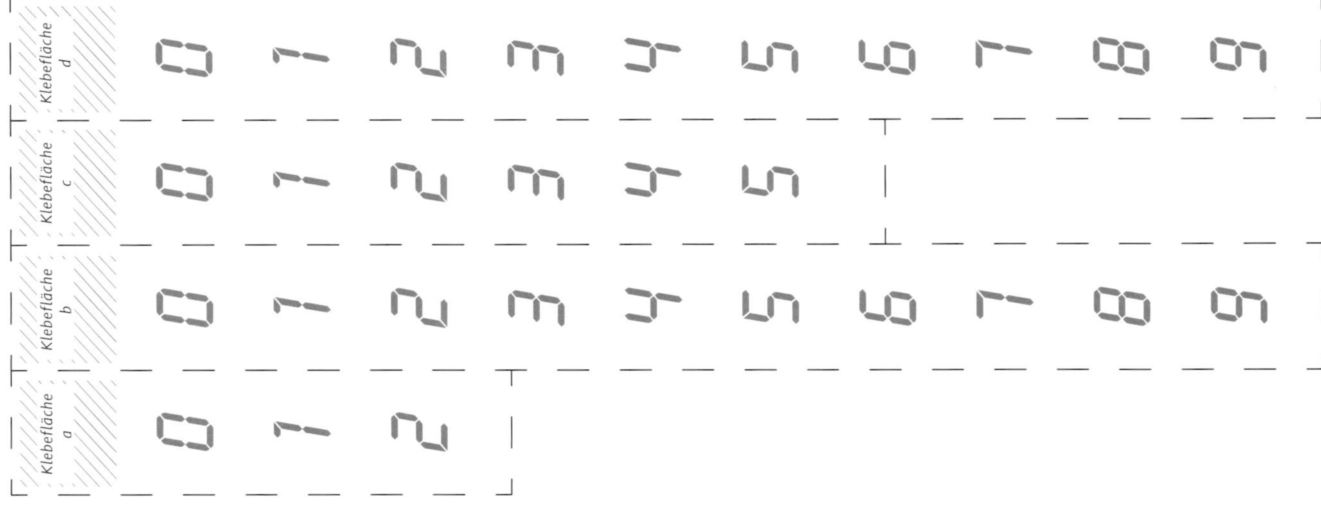

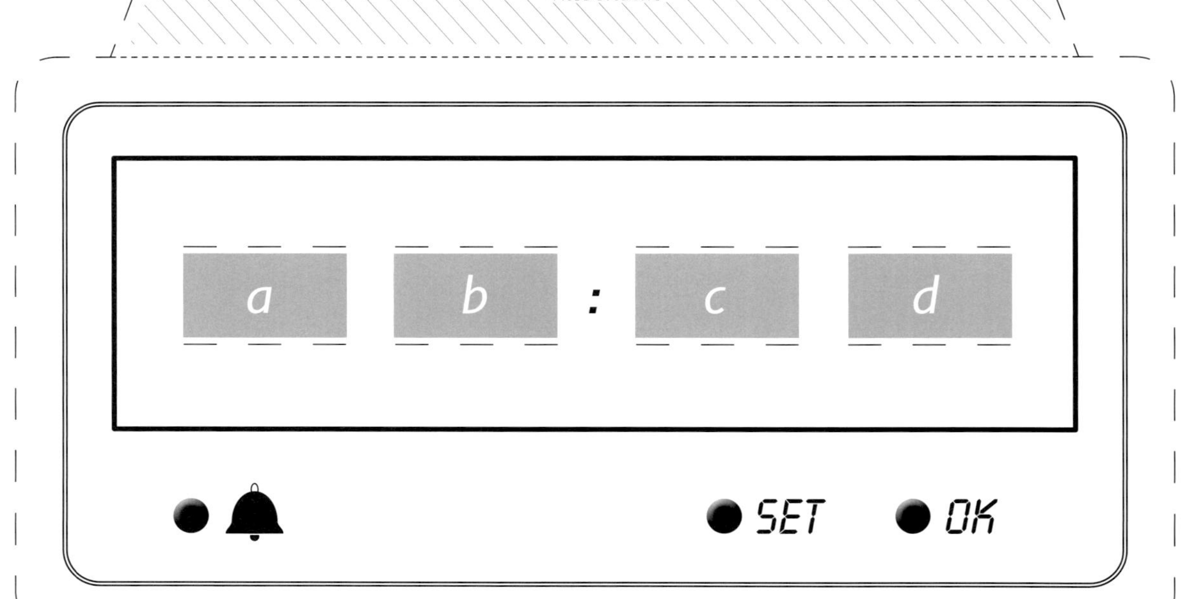

1. Schneide alle Vorlagen aus.
2. **Spure die Digitalzahlen farbig nach.**
3. Ritze die Schlitze in der Digitaluhr ein. Nutze dazu Lineal und eine spitze Schere.
4. Ziehe die Zahlenstreifen durch die passenden Schlitze auf der Uhr. (a → a, b → b …).
5. Klebe jeden Zahlenstreifen an der Klebefläche zu einer Schlaufe zusammen.
6. Falte die Klebefläche an der Digitaluhr nach hinten. Klebe sie mit der Klebefläche auf dein Lapbook.
7. **Übe das Stellen und Ablesen der Digitaluhr. Verschiebe dazu die Zahlenstreifen.**

Meine Stoppuhr

(1) Schneide alle Vorlagen aus. Schneide die Klappen an der Stoppuhr ein.
(2) Stich jeweils ein Loch durch die Punkte ⊗.
(3) Lege den kleinen Kreis auf den großen. Verbinde beide Kreise mit einer Musterklammer.
(4) Schreibe auf die Rückseite der kleinen Klappen mittig die Sekunden in 10er-Schritten.
(5) Klebe die Stoppuhr nur mit der Mitte auf dein Lapbook. Die Klappen müssen noch zu öffnen sein.
(6) Übe das Stellen und Ablesen der Sekunden mit der Stoppuhr. Drehe dazu den kleinen Kreis mit dem Sekundenzeiger.

Tipp Male den Sekundenzeiger .... aus.

Uhrzeit-Training

Uhrzeit-Training

Übt zu zweit an der analogen und digitalen Uhr. Überprüfe immer. Wechselt euch ab. Hake die Aufgabe ab, wenn du alle Aufgaben richtig hattest.

Wie spät war es vor …?
Stelle eine Uhrzeit ein. Frage, wie spät es vor einer bestimmten Zeit war. Dein Partner stellt die Uhr um. Stelle weitere 4 Uhrzeiten ein. „Es ist 2 Uhr. Wie spät war es vor 50 Minuten?"

Wie spät ist es in …?
Stelle eine Uhrzeit ein. Frage, wie spät es nach einer bestimmten Zeit ist. Dein Partner stellt die Uhr um. Stelle weitere 4 Uhrzeiten ein. „Es ist 11 Uhr 10 Minuten. Wie spät ist es in 2 Stunden?"

Vormittag oder Nachmittag?
Stelle eine Zeit auf der Uhr ein. Dein Partner nennt die Uhrzeit in der Vormittags- und Nachmittagszeit. Stelle weitere 4 Uhrzeiten ein.

Tagesablauf
Stelle eine Zeit ein. Dein Partner nennt Vor- und Nachmittagszeit und was er zu diesen Zeiten an den Tagen macht. Stelle weitere 4 Uhrzeiten ein.

Volle Stunden
Nenne 5 Uhrzeiten mit einer vollen Stunde. Dein Partner stellt die Uhren ein.
„Es ist 3 Uhr.", „Es ist um 3."

Halbe Stunden
Nenne 5 Uhrzeiten mit einer halben Stunde. Dein Partner stellt die Uhren ein.
„Es ist halb 3.", „Es ist 2 Uhr und 30 Min."

Viertelstunden
Nenne 5 Uhrzeiten mit einer Viertelstunde. Dein Partner stellt die Uhren ein.
„Es ist Viertel nach 1."

Halb, voll, viertel, drei viertel
Nenne 5 Uhrzeiten mit einer halben, vollen, Viertel- oder Dreiviertelstunde. Dein Partner stellt die Uhren ein. „Es ist halb 4."

24 Stunden
Nenne 5 Uhrzeiten in der Vormittags- oder Nachmittagszeit. Dein Partner stellt die Uhren ein. „Es ist 16 Uhr am Nachmittag."

Minuten
Nenne 5 Uhrzeiten mit Stunden und Minuten. Dein Partner stellt die Uhren ein.
„Es ist 8 Uhr und 22 Minuten."

1. Schneide die Karten aus und lege sie aufeinander.
2. Hefte die Karten mit einem Heftgerät zusammen.
3. Klebe das Minibuch mit der Rückseite auf dein Lapbook.
4. **Übe mit einem Partner das Stellen und Ablesen mit deiner analogen und digitalen Uhr anhand der Aufgaben.**

Die Teile der Uhr

① Schneide die Vorlage aus.
② Falte alle 6 Klappen zur Mitte.
❸ **Öffne die Klappen. Schreibe die Teile der Uhr an die Pfeile: Stundenzeiger, Minutenzeiger, Sekundenzeiger, Stundenstrich, Minutenstrich, Zifferblatt. → Die Infokarte 1 hilft dir dabei.**
④ Klebe das Minibuch mit der Rückseite auf dein Lapbook.

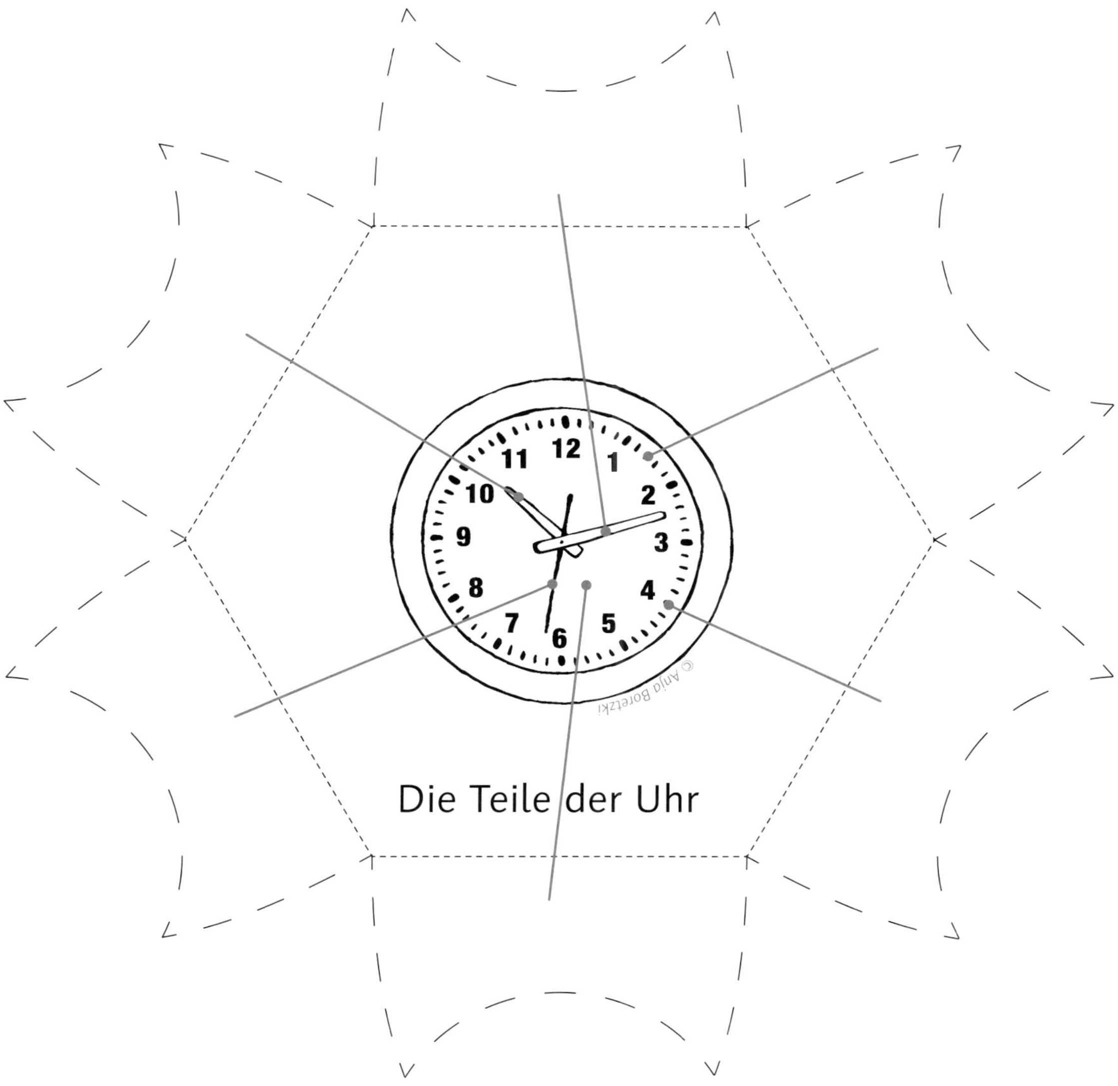

12 1 2 3 4 5 6 7 8 9 10 11

© Anja Boretzki

Die Teile der Uhr

Immer 5 Minuten

Immer 5 Minuten

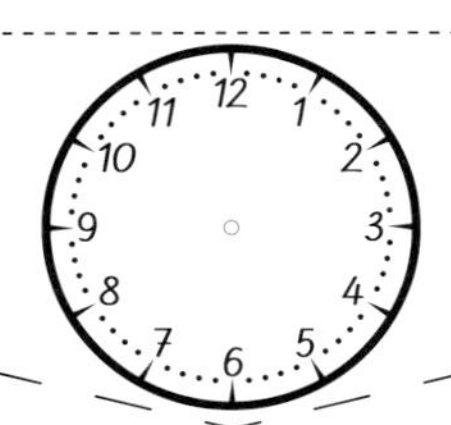
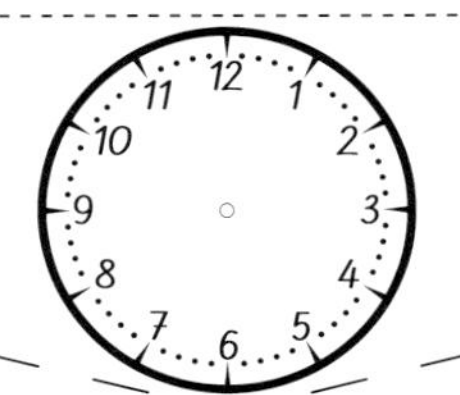
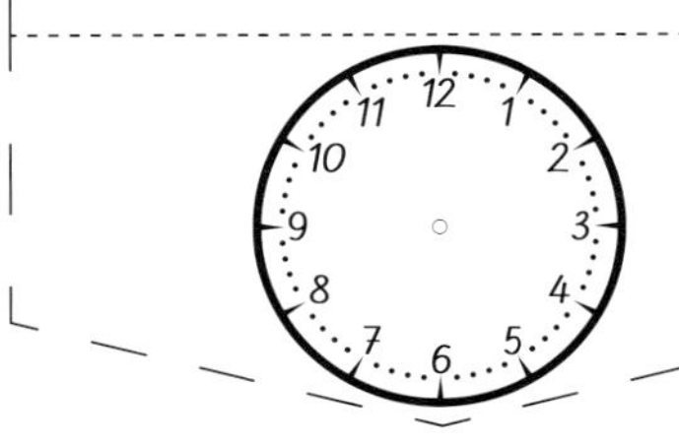
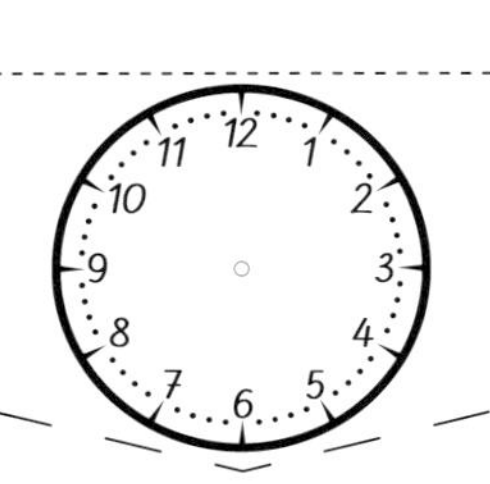
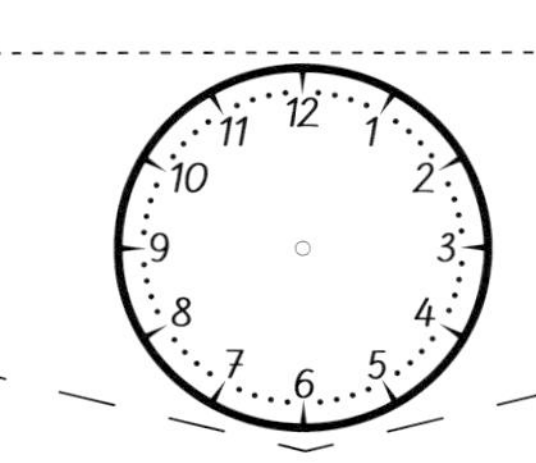
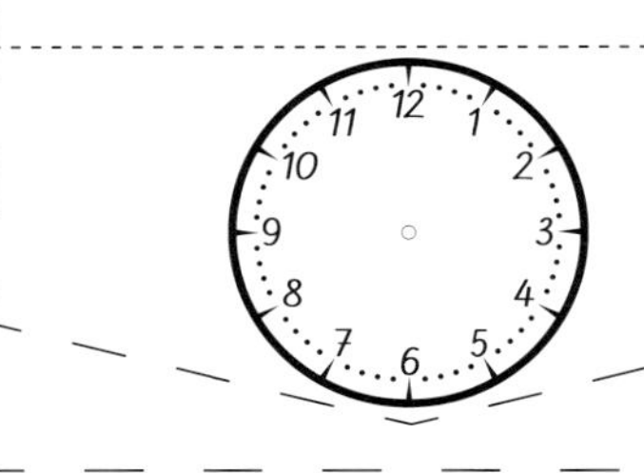
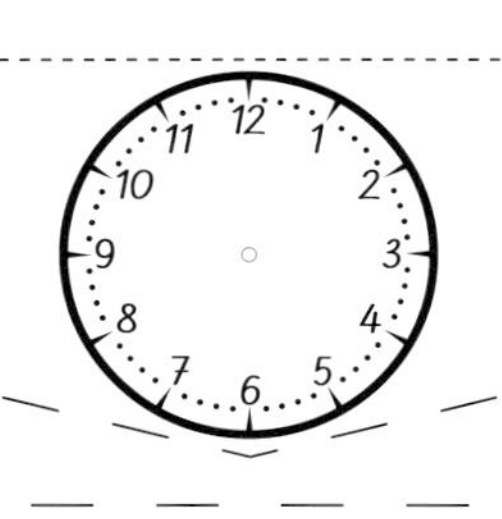
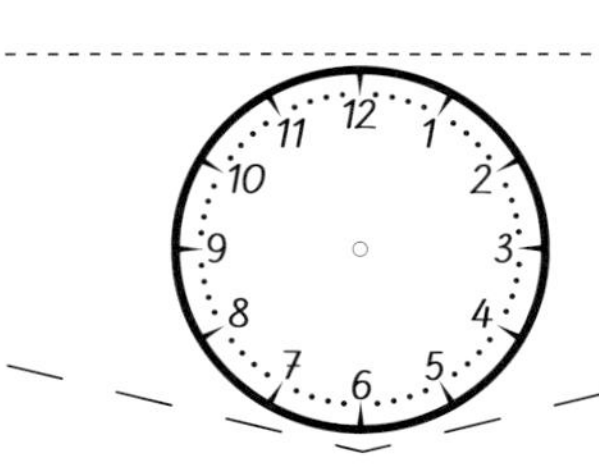
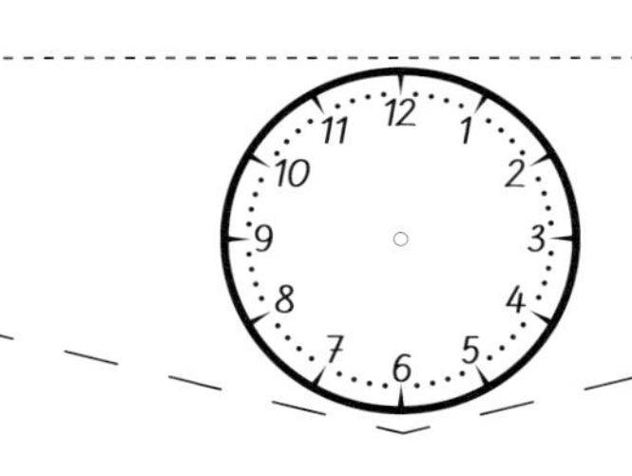
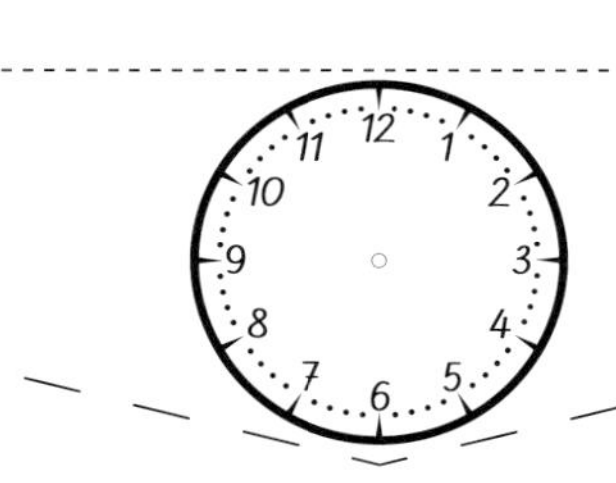
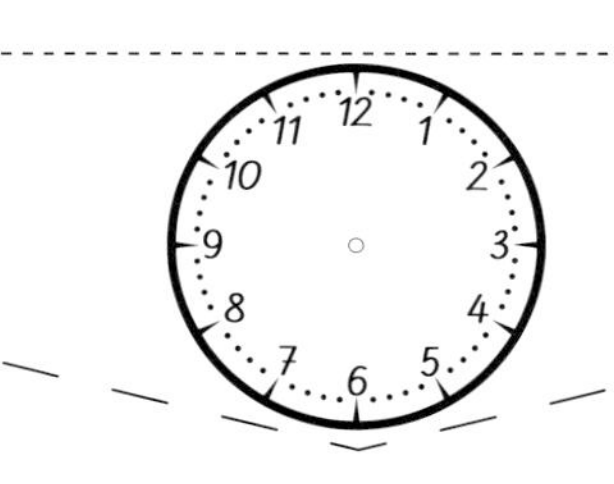
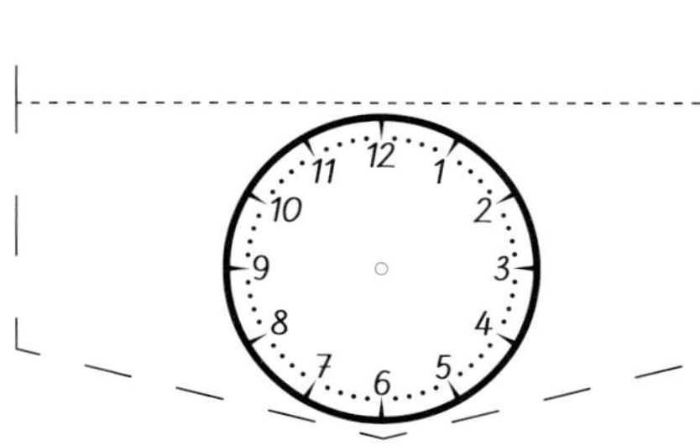

1. Schneide die Kärtchen aus.
2. Lege alle Seiten aufeinander und hefte sie zusammen.
3. **Wie spät ist es? Zähle immer 5 Minuten weiter. Zeichne den Stunden- und Minutenzeiger ein. Schreibe die vergangenen Minuten immer auf die Rückseite. → Die Infokarte 4 hilft dir dabei.**
4. Klebe das Minibuch nur mit der oberen Kante auf.

Die Einheiten der Zeit

① Schneide beide Vorlagen aus.
② Schneide alle Klappen ein.

Zeiten umrechnen:

❸ Beantworte die Fragen auf den Rückseiten der Klappen. Male die Zeitdauer für 1 Minute und 1 Stunde farbig an.

Abkürzungen der Zeit:

❹ Schreibe die Einheiten der Zeit auf die Rückseiten. → Die Infokarte 6 hilft dir dabei.

⑤ Klebe die Vorlagen nur mit der Rückseite der linken Seite/ der oberen Kante auf dein Lapbook.

 **1 Minute** sind	wie viele **Sekunden?**
 **1 Stunde** sind	wie viele **Minuten?**
 **1 Tag** sind	wie viele **Stunden?**

Abkürzungen der Zeit			
Tag	**Stunde**	**Minute**	**Sekunde**

© Verlag an der Ruhr | Autorin: Doreen Blumhagen | Icons: Anja Boretzki | ISBN 978-3-8346-3903-5 | www.verlagruhr.de

Überall Uhren

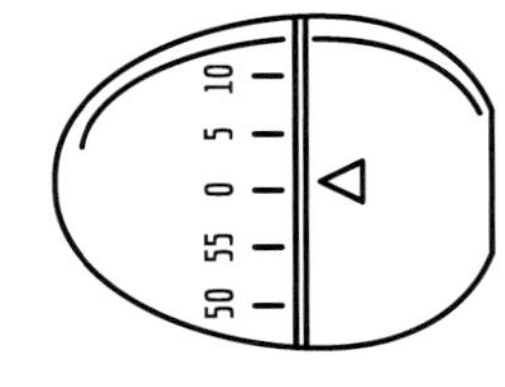

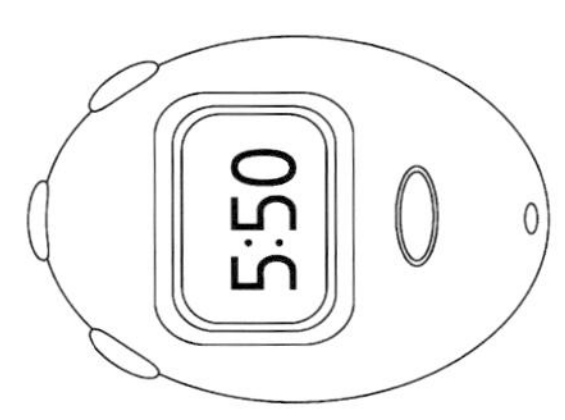

① Schneide die Karten aus und lege die Seiten aufeinander.

② Stich die Punkte  durch.

③ Verbinde die Seiten mit einer Klammer.

❹ **Wie heißen diese Uhren? Schreibe die Namen immer auf die Rückseite.**
Sonnenuhr – Taschenuhr – Eieruhr – Stoppuhr – Wecker – Sanduhr – Kuckucksuhr – Armbanduhr

❺ **Kennst du weitere Uhren? Male und beschrifte die leeren Seiten.**

⑥ Stich ein Loch in das Lapbook. Befestige das Minibuch mit der Klammer.

© Verlag an der Ruhr | Autorin: Doreen Blumhagen | Icon: Anja Boretzki | ISBN 978-3-8346-3903-5 | www.verlagruhr.de

Meine Uhrensammlung

1. Schneide die Tasche aus und falte die Klebeflächen nach hinten.
2. Klebe die Tasche auf dein Lapbook.
3. Schneide die Karte aus. Verwende die Karte als Schablone und schneide weitere Karten aus.
4. **Welche Uhren kennst du aus deinem Alltag? Sammle Bilder, male oder fotografiere verschiedene Uhren. Klebe immer eine Uhr auf eine Karte.**
5. **Schreibe auf die Rückseiten, in welchen Situationen diese Uhren verwendet werden.**
6. Stecke deine Karten in die Tasche.

Wozu brauchen wir Uhren?

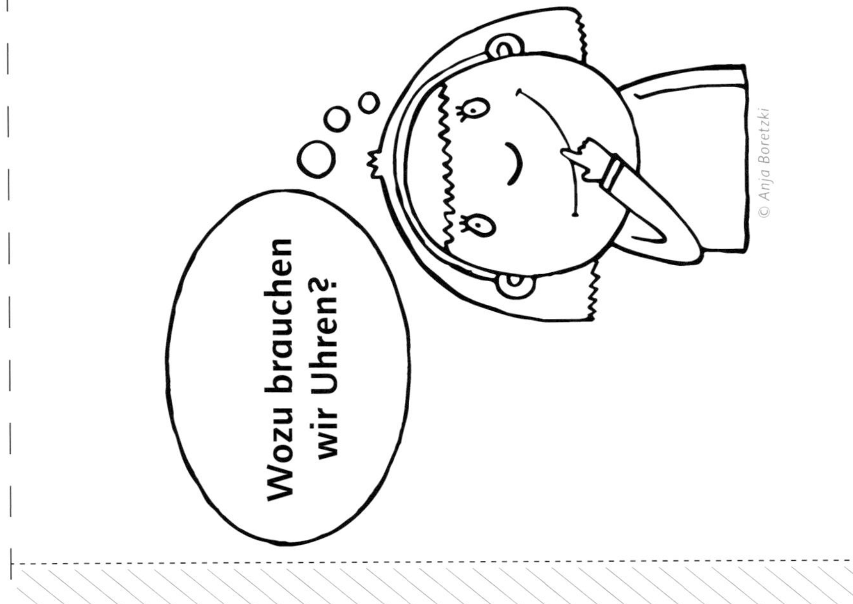

Klebefläche

Welche Probleme gäbe es ohne Uhren?

Was wäre ohne Uhren besser?

① Schneide die Vorlage aus.

② Falte erst die kleinen Klappen zur Mitte. Falte dann die große Klappe darüber.

❸ **Stelle dir vor, es gäbe keine Uhren.**
- **Was wäre besser?**
- **Welche Probleme gäbe es?**

Schreibe die Antworten auf die Rückseiten der Klappen.

④ Klebe das Minibuch mit der Rückseite auf dein Lapbook.

Zeitmesser früher

Zeitmesser früher	So funktioniert der Zeitmesser:	Diese Probleme hat der Zeitmesser:
Klebefläche Zeitmesser	....	....
	....	....
	....	....
	....	....
	....	....
	....	....
	....	....
Name:	....	....
	....	....

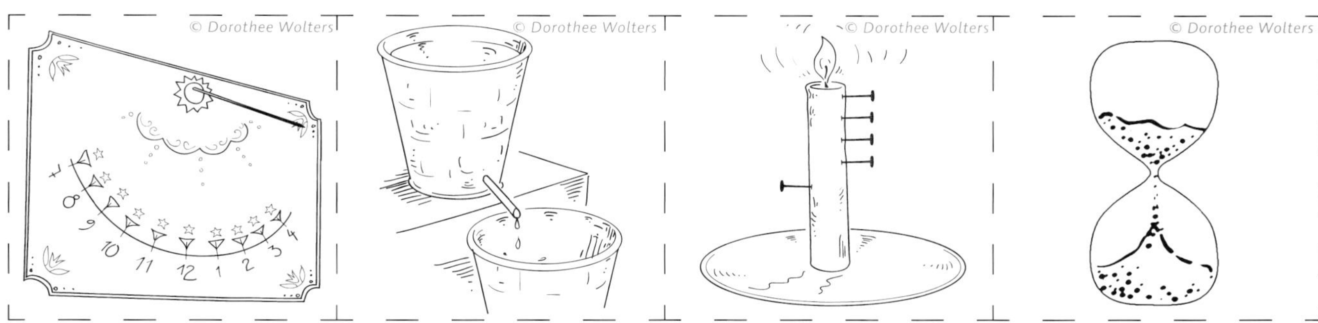

1. Schneide das Minibuch aus.
2. Falte das Minibuch wie ein Leporello. Die Titelseite muss oben liegen.
3. **Lies die Infokarte 9 und informiere dich über einen Zeitmesser in früherer Zeit.**
4. **Wähle dir einen Zeitmesser aus. Schneide das passende Bild aus und klebe es auf das Leporello.**
5. **Erkläre, wie der Zeitmesser funktioniert.**
6. **Überlege, welche Probleme der Zeitmesser hat.**
7. Klebe das Minibuch mit der leeren Rückseite auf dein Lapbook.

Was passiert wann?

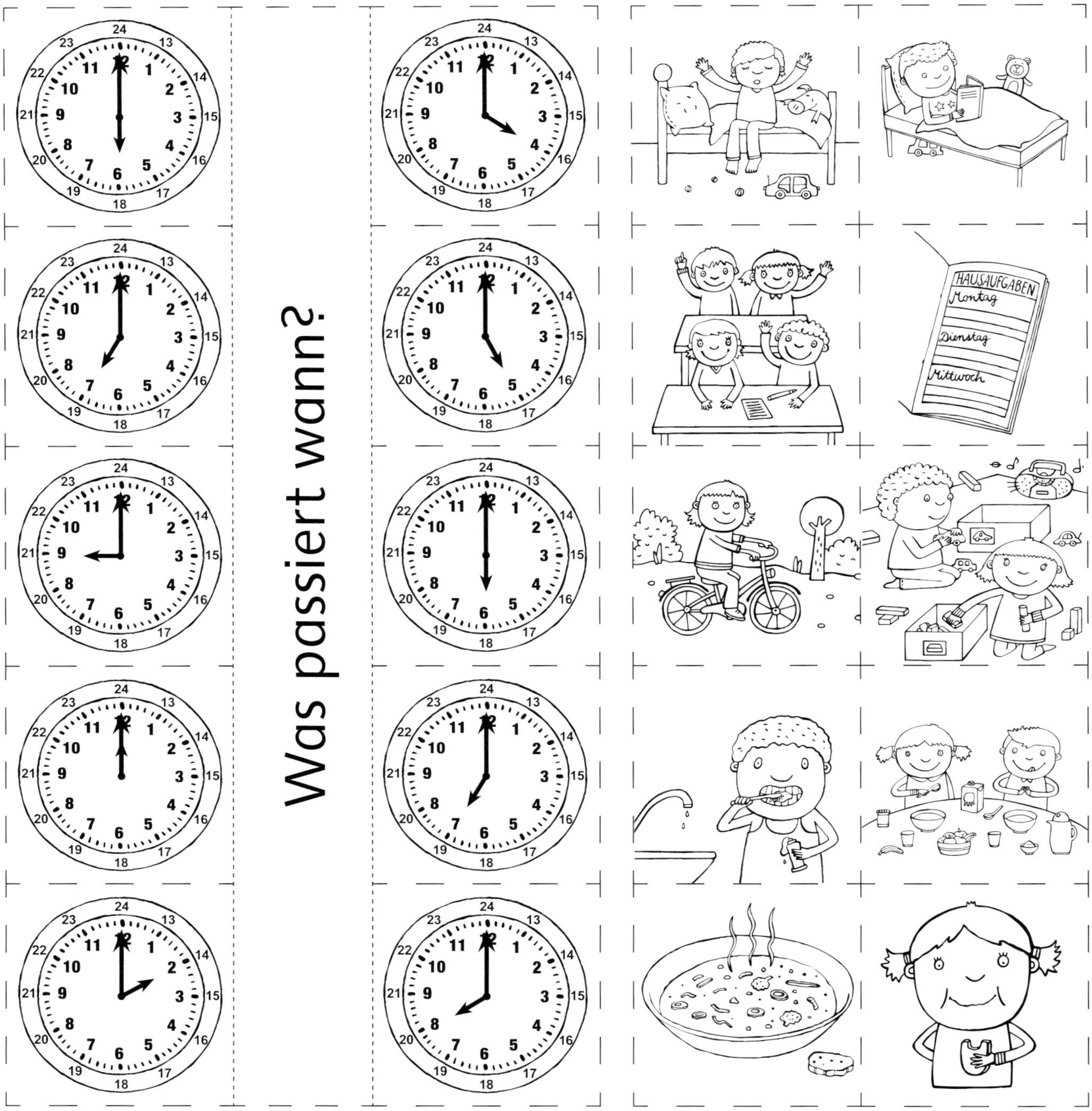

Was passiert wann?

(1) Schneide die Vorlagen aus. Schneide alle Klappen ein.

(2) Was passiert wann? Lies die Uhrzeit ab und klebe die passenden Bilder auf die Rückseite.

(3) Klebe das Minibuch nur mit der Mitte auf dein Lapbook.

© Verlag an der Ruhr | Autorin: Doreen Blumhagen | Icon: Anja Boretzki | ISBN 978-3-8346-3903-5 | www.verlagruhr.de

Tag und Nacht

Klebefläche
Tag

Klebefläche
Lapbook

Klebefläche
Lapbook

Klebefläche
Nacht

Tag

Nacht

© Anja Boretzki

© Verlag an der Ruhr | Autorin: Doreen Blumhagen | Icon: Anja Boretzki | ISBN 978-3-8346-3903-5 | www.verlagruhr.de

1. Schneide die Vorlagen aus. Falte alle Kreise in der Mitte.
2. Klebe die beiden Kreise mit den Klebeflächen links und rechts auf die Rückseite von „Tag" und „Nacht".
3. **Was passiert am Tag? Was passiert in der Nacht? Schreibe oder male es in die leeren Kreise.**
   Tipps Wer arbeitet am Tag? Wer arbeitet in der Nacht? Welche Tiere sind am Tag aktiv, welche in der Nacht? Wer oder was ist am Tag oder in der Nacht unterwegs?
4. Klebe das Minibuch mit der Klebefläche auf dein Lapbook.

24 Stunden

Hier 13 Uhr ankleben
Klebefläche

	12 Uhr		24 Uhr
	11 Uhr		23 Uhr
	10 Uhr		22 Uhr
	9 Uhr		21 Uhr
	8 Uhr		20 Uhr
	7 Uhr		19 Uhr
	6 Uhr		18 Uhr
	5 Uhr		17 Uhr
	4 Uhr		16 Uhr
	3 Uhr		15 Uhr
	2 Uhr		14 Uhr
	1 Uhr		13 Uhr

24
Stunden

1. Schneide die Vorlagen aus und klebe die beiden Teile zusammen.
2. Falte abwechselnd vor und zurück.
3. **Was passiert in 24 Stunden? Schreibe oder male es neben die Uhrzeit. Du kannst auch Bilder einkleben.**
4. Klebe das Minibuch mit der Rückseite auf dein Lapbook.

Halbe, Viertel- und Dreiviertelstunden

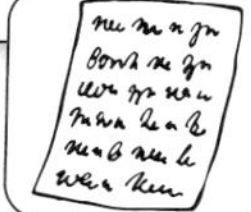

Halbe, Viertel- und Dreiviertelstunden

Seite 2

15 Min.

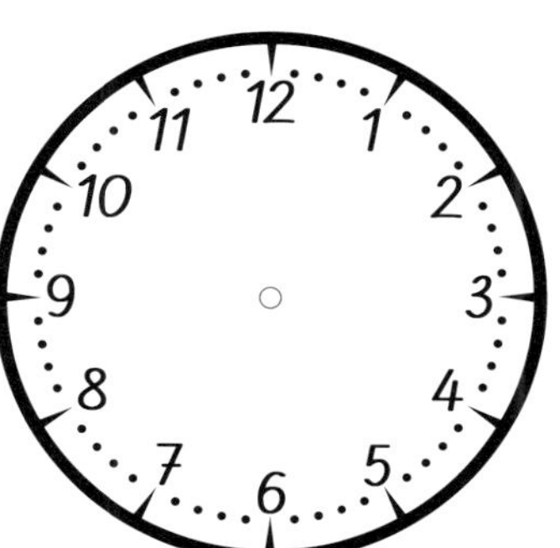

eine ....

Seite 3

30 Min.

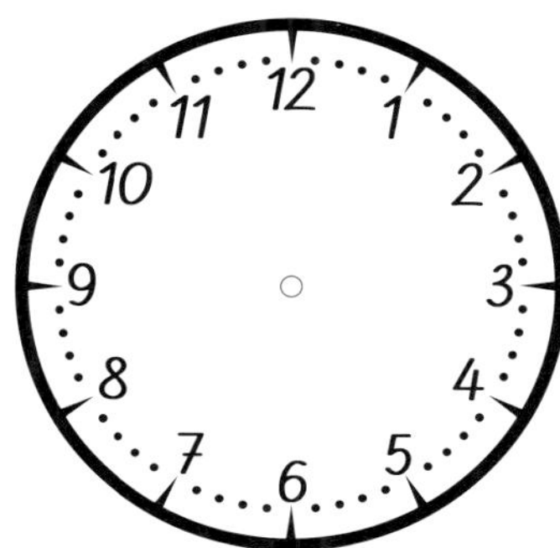

eine ....

Seite 4

45 Min.

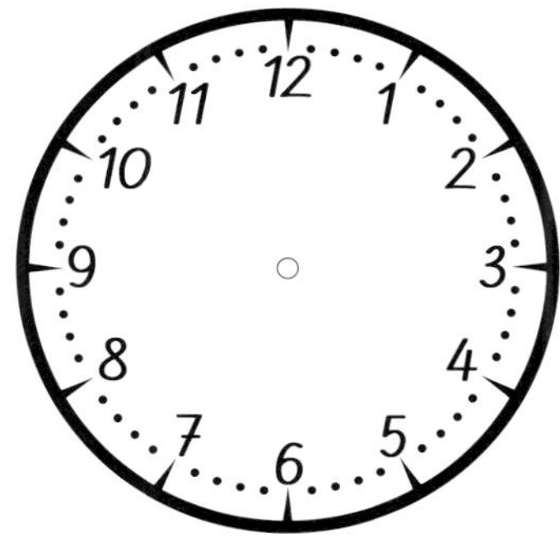

eine ....

1. Schneide die Vorlagen aus.
2. Lege die Seiten aufeinander und verbinde sie mit einem Heftgerät.
3. **Male den Minutenzeiger richtig in die Uhren.**
4. **Schreibe zur richtigen Uhr: Viertelstunde – halbe Stunde – Dreiviertelstunde.**
   → Die Infokarte 3 hilft dir dabei.
5. **Male die Dauer auf jeder Uhr farbig.**
6. Klebe das Minibuch mit der Rückseite auf dein Lapbook.

© Verlag an der Ruhr | Autorin: Doreen Blumhagen | Icons: Anja Boretzki | ISBN 978-3-8346-3903-5 | www.verlagruhr.de

Wie lange dauert es?

Zeit schätzen und messen

Wie oft kann ich in einer Minute …

Wie viele Sekunden kann ich …

Wie viele Sekunden brauche ich, …

Klebefläche

… meinen Namen schreiben?

… auf einem Bein hüpfen?

… „Uhrzeit“ sagen?

…

… die Luft anhalten?

… auf dem linken Bein stehen?

… „Ah“ sagen?

…

… um bis 50 zu zählen?

… um meine Jacke anzuziehen?

… um das ABC aufzuschreiben?

…

1. Schneide die Vorlagen aus. Schneide alle Klappen ein.
2. Klebe die Vorlagen auf der Klebefläche zusammen.
3. **Schätze erst, wie lange du für die Aufgaben brauchst. Schreibe es auf die Rückseite der kleinen Klappen.**
4. **Teste die Aufgaben aus und miss die Zeit mit einer Stoppuhr. Schreibe die gemessene Zeit mit einer anderen Farbe auf.**
5. **Denke dir für die leeren Klappen eigene Aufgaben aus. Schätze und miss die Zeit, die du dafür brauchst.**
6. Klebe das Minibuch nur mit der linken Seite auf dein Lapbook.

Fernsehprogramm

Fernsehprogramm

① Schneide die Vorlagen aus.
② Klebe beide Teile zusammen.
③ Falte immer abwechselnd nach vorn und zurück. Der Fernseher liegt oben.
❹ Wähle dir Sendungen aus.
→ Nutze dazu eine Fernsehzeitung.
❺ Schreibe die Anfangszeit und das Ende auf. Male die Zeiger in die Uhren.
❻ Berechne die Dauer der Sendungen.
→ Nutze die Infokarte 7.
Tipp Male oder klebe ein Bild deiner Lieblingssendung auf den Fernseher.
⑦ Klebe das Minibuch mit der Rückseite auf dein Lapbook.

Sendung:

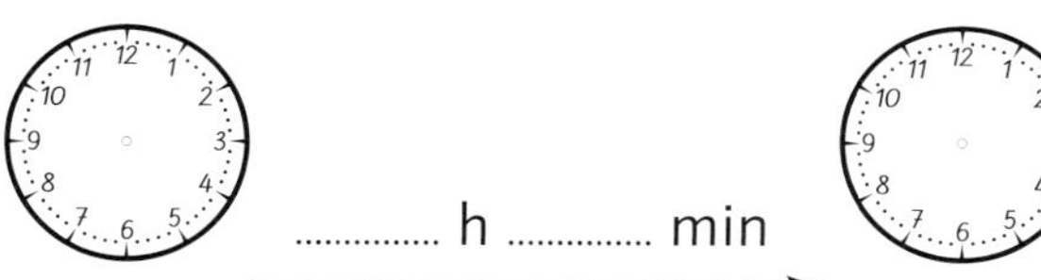

.... h .... min

Start: .... Uhr / Ende: .... Uhr

Sendung:

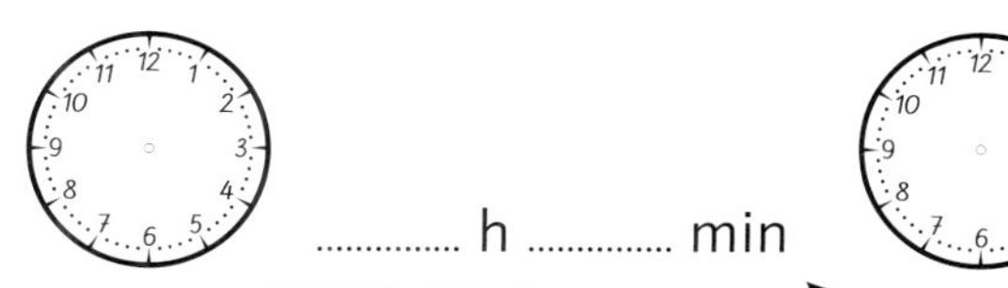

.... h .... min

Start: .... Uhr / Ende: .... Uhr

Sendung:

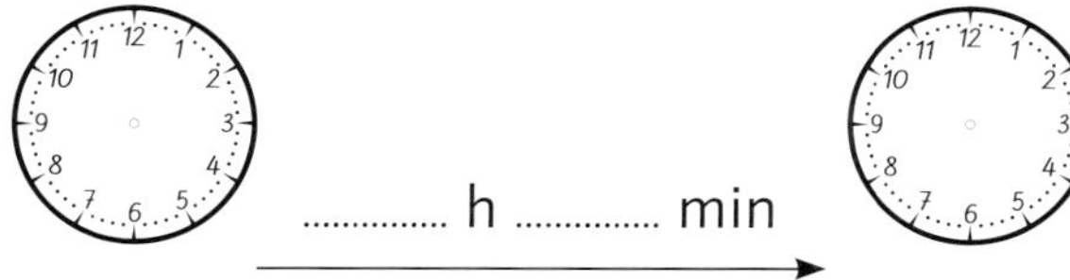

.... h .... min

Start: .... Uhr / Ende: .... Uhr

Sendung:

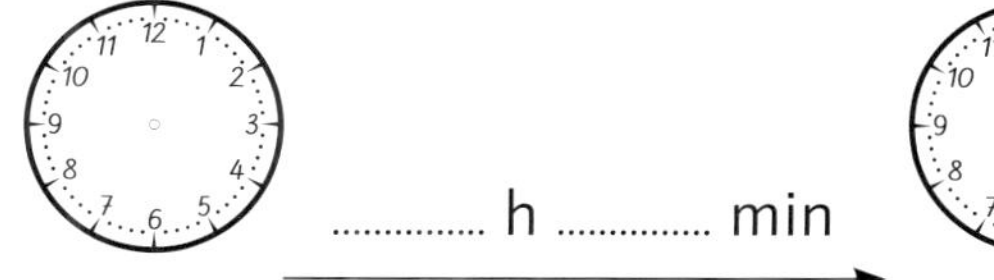

.... h .... min

Start: .... Uhr / Ende: .... Uhr

Sendung:

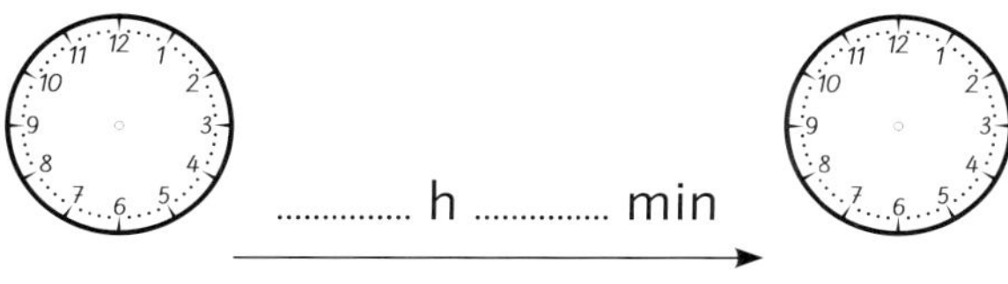

.... h .... min

Start: .... Uhr / Ende: .... Uhr

Sendung:

.... h .... min

Start: .... Uhr / Ende: .... Uhr

Hier Teil 2 ankleben
Klebefläche

Die römischen Zahlen

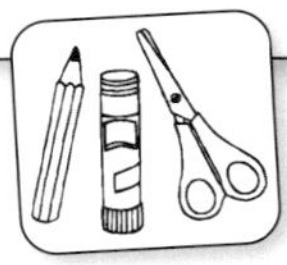

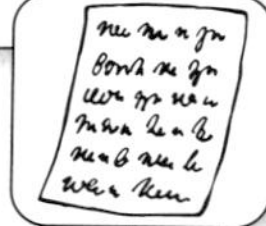

1. Schneide die Vorlagen aus.
2. Falte alle kleinen Klappen der Uhr zur Mitte.
3. Stich den Punkt ⊗ im Drehkreis und auf der Uhr durch.
4. Verbinde den Drehkreis und die Uhr mit einer Musterklammer.
5. **Lies Infokarte 10 über Uhren mit römischen Zahlen.**
6. **Schreibe die römischen Zahlen 1–12 auf die Klappen der geschlossenen Standuhr. Schreibe unsere arabischen Zahlen immer auf die Rückseite.**
7. **Schreibe die römischen Zahlen an die richtigen Stellen auf der Uhr. Achtung: Drehe dabei deine Uhr im Uhrzeigersinn und schreibe immer in den Kreis. Zusatz: Schreibe wichtige Infos über die römischen Zahlen in die Mitte der Standuhr.**
8. Klebe die Standuhr mit der Rückseite auf dein Lapbook.

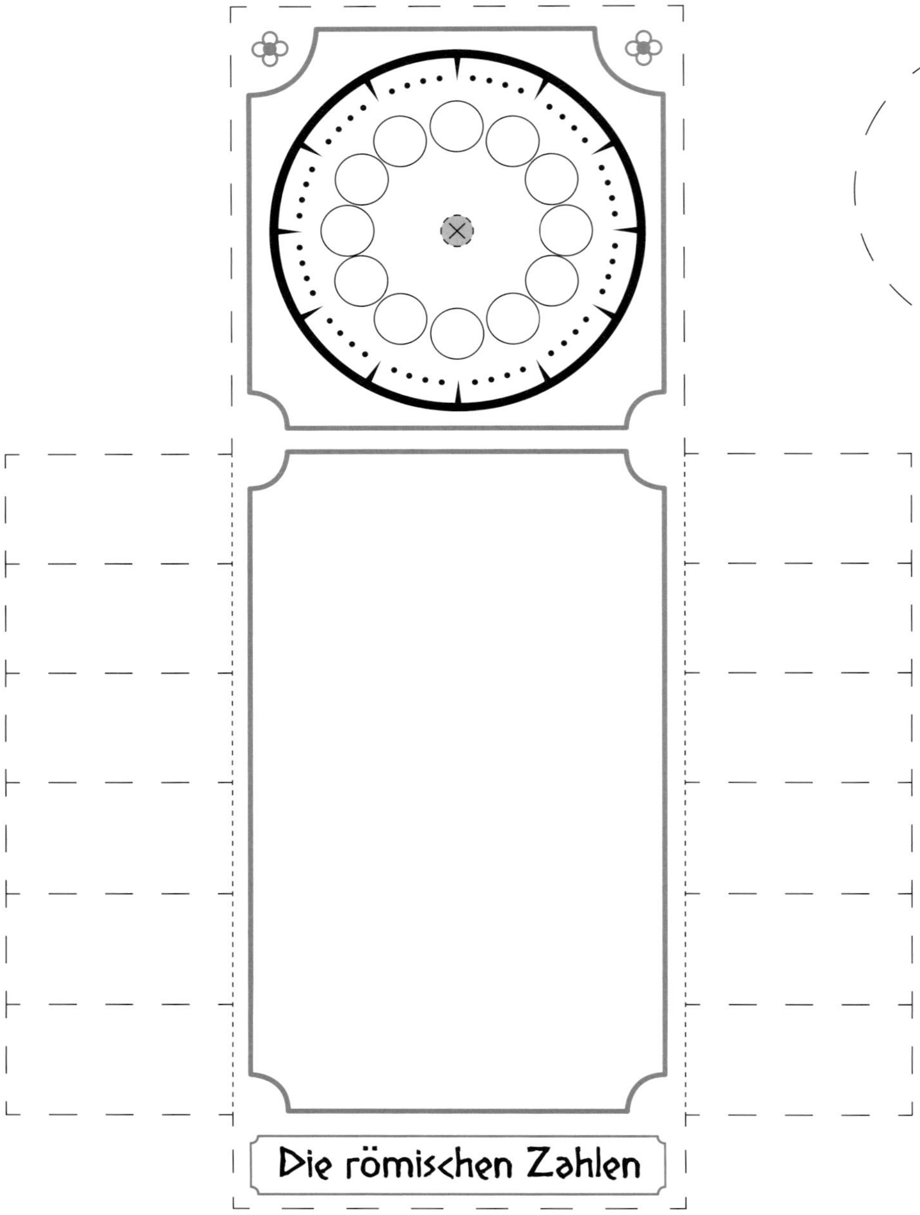

Die römischen Zahlen

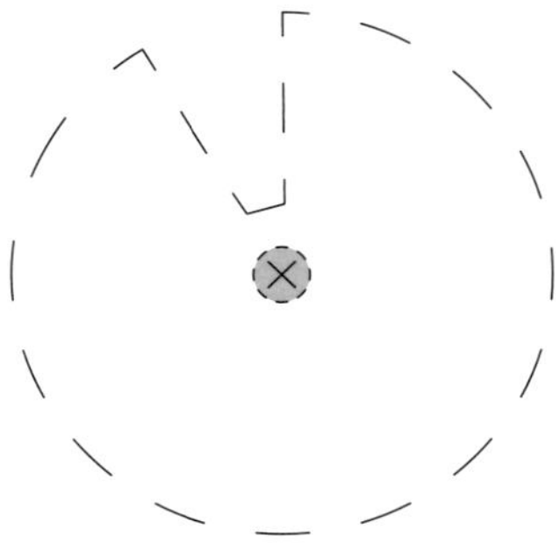

Uhren-Bingo

Uhren-Bingo

Klebefläche

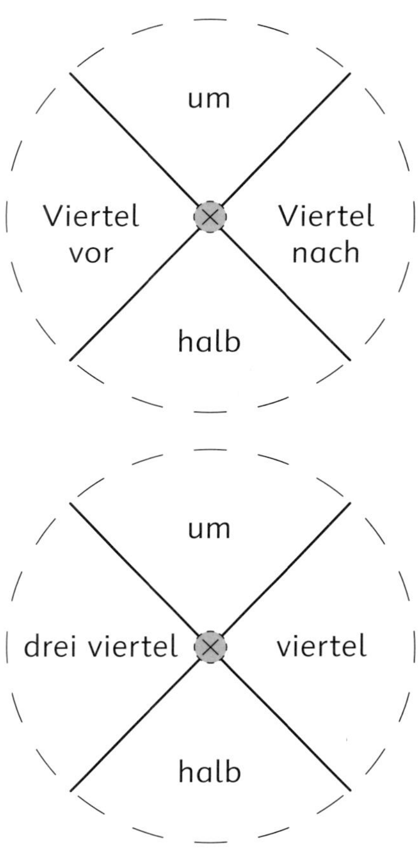

❶ **Zeichne in die Uhren Uhrzeiten mit einer Viertel-, einer halben, einer Dreiviertel- oder einer vollen Stunde ein.**

② Schneide das Minibuch aus.

③ Falte das Minibuch in der Mitte.

❹ **Wie sagt man bei dir: „Viertel vor“ oder „viertel“? „Viertel nach“ oder „drei viertel“? Wähle die entsprechende Scheibe und schneide sie aus. Klebe die Scheibe auf den Kreis.**

⑤ Stich den Punkt ⊗ auf dem Kreis ein.

⑥ Stecke auf eine Musterklammer eine Büroklammer und stecke sie durch den Kreis.

⑦ Klebe das Minibuch mit der Rückseite auf dein Lapbook.

❽ **Spiele allein oder mit einem Partner Bingo.**

- **Dreht die Büroklammer.**
- **Sucht eine passende Uhrzeit auf eurem Bingo-Feld.**
- **Sprecht laut mit, welche Uhrzeit ihr habt.**
- **Wer hat zuerst eine ganze Uhrenreihe?**

→ Die Infokarte 3 hilft dir dabei.

© Verlag an der Ruhr | Autorin: Doreen Blumhagen | Icons: Anja Boretzki | ISBN 978-3-8346-3903-5 | www.verlagruhr.de

Volle-Stunden-Trio 1/2

1. Schneide die Tasche aus.
2. Falte alle Klappen nacheinander zur Mitte.
3. Stecke zum Verschließen die letzte Klappe unter die erste.
4. **Gestalte ein Stunden-Trio.**
   - **Zeichne alle Uhrzeiten mit vollen Stunden in die Uhren ein.**
   - **Schreibe zu jeder Uhr eine Karte mit der Vormittagszeit und der Nachmittagszeit.**

   → Die Infokarte 2 hilft dir dabei.
5. Schneide die Karten aus. Stecke sie in die Tasche. Klebe die Tasche auf dein Lapbook.
6. **Spiele mit einem Partner Trio: Legt die Karten verdeckt auf den Tisch. Deckt abwechselnd immer 3 Karten auf. Sprecht die Uhrzeiten immer laut mit.**

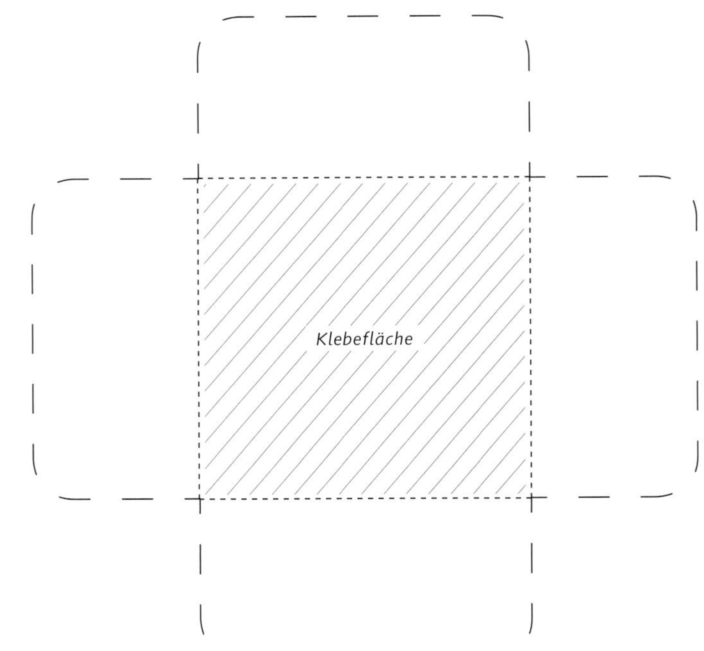

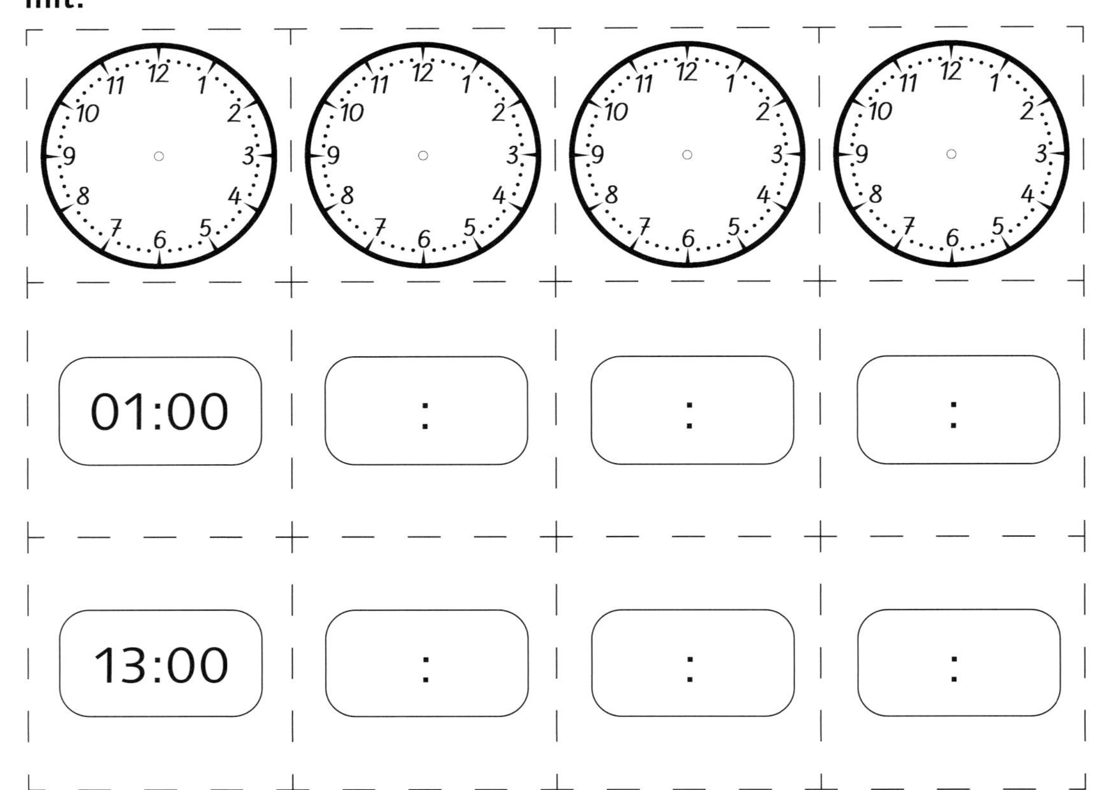

Volle-Stunden-Trio 2/2

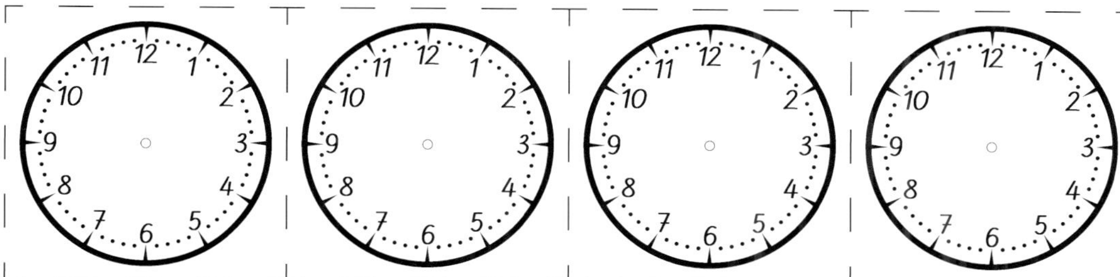

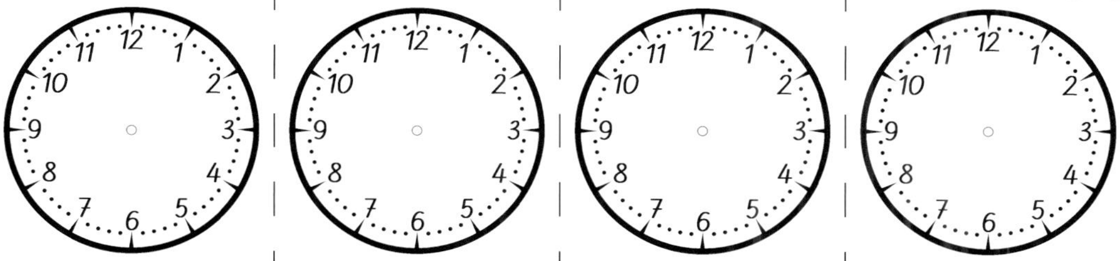

Mein Uhrenquiz

Uhrenquiz

? ? ? ? ? ? ?

Wie viele Stundenstriche hat die Uhr?

Wie viele Runden läuft der Stundenzeiger an einem Tag?

Wie viele Runden läuft der Minutenzeiger an einem Tag?

Wie viele Minutenstriche hat die Uhr?

1. Schneide die Kreise aus.
2. Stich die Punkte ⊗ durch.
3. Lege alle Kreise aufeinander. Verbinde die Kreise mit einer Musterklammer.
4. **Beantworte die Fragen. Schreibe die Antworten auf die Rückseite.**
5. **Denke dir eigene Fragen aus.** **Tipp Schneide dafür auch weitere Kreise aus.**
6. Befestige das Minibuch mit der Musterklammer auf deinem Lapbook. Stich dazu ein Loch in den Umschlag.

Minuten-Memo 1/2

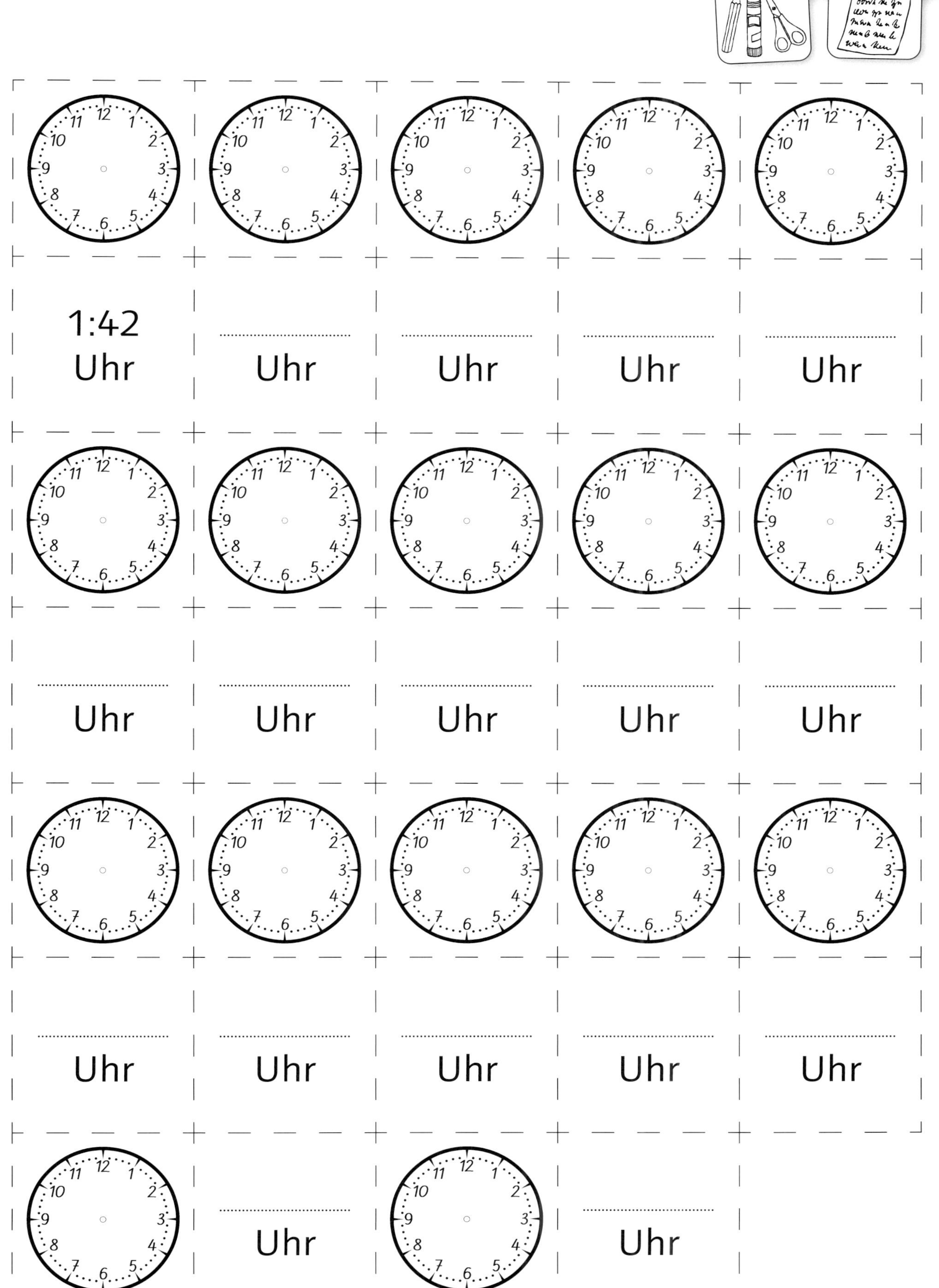

Minuten-Memo 2/2

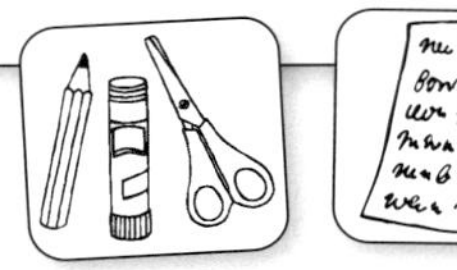

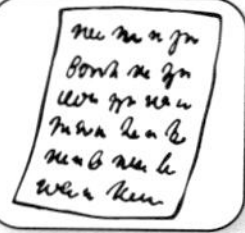

1. Schneide die Tasche aus. Falte die Klebeflächen und die Klappen nach hinten.
2. Klebe die Tasche auf dein Lapbook.
3. **Gestalte ein Memo mit vollen Stunden.**
   - **Schreibe verschiedene Uhrzeiten mit vollen Stunden auf die leeren Karten. (Denke an die Vormittags- und die Nachmittagszeit!)**
   - **Trage zu jeder Uhrzeit in die Uhr darüber den Stunden- und Minutenzeiger ein.**
4. Schneide die Karten aus. Stecke die Karten in die Tasche.
5. **Spiele mit einem Partner Memo nach den Regeln des Memory. Sprecht die Uhrzeit immer laut mit. Wer von euch findet die meisten Pärchen?**

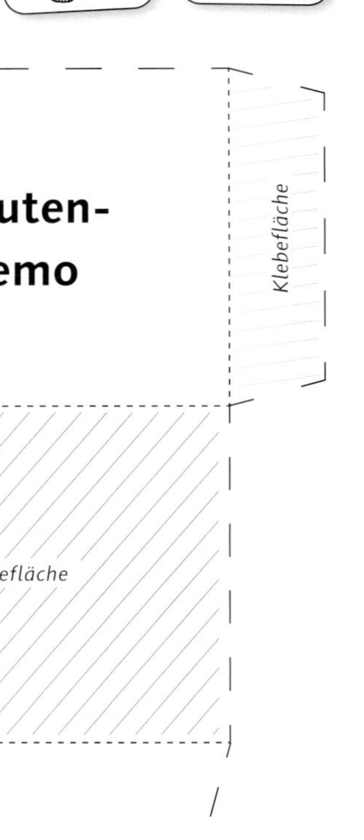

Sekunden-Domino 1/2

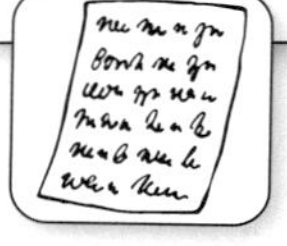

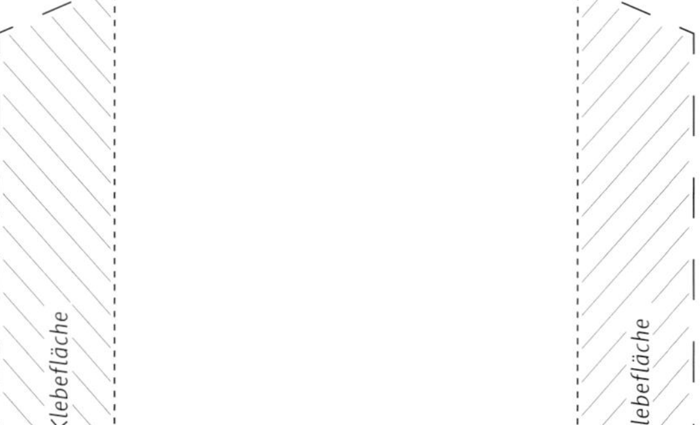

1. Schneide die Tasche aus.
2. Falte alle Klebeflächen nach hinten.
3. Klebe die Tasche auf dein Lapbook.
4. **Gestalte ein Domino mit Stunden, Minuten und Sekunden. Trage dazu immer auf die linken Seiten der Karten eine Uhrzeit mit Stunden und Minuten ein. Zeichne die Uhrzeiten auf der nächsten Karte ein.**
5. Schneide die Domino-Karten aus und stecke sie in die Tasche.
6. **Lege das Domino allein oder abwechselnd mit einem Partner. Sprecht immer laut mit, welche Uhrzeiten ihr legt.**

© Verlag an der Ruhr | Autorin: Doreen Blumhagen | Icons: Anja Boretzki | ISBN 978-3-8346-3903-5

46 Mein **UHRZEITEN** Lapbook

Sekunden-Domino 2/2

Start		18 : 20 : 10	
…… : …… : ……		…… : …… : ……	
…… : …… : ……		…… : …… : ……	
…… : …… : ……		…… : …… : ……	
…… : …… : ……		…… : …… : ……	
…… : …… : ……		…… : …… : ……	
…… : …… : ……		…… : …… : ……	Ziel

Medientipps

Blumhagen, Doreen:
Lapbooks im Grundschulunterricht.
Verlag an der Ruhr, 2018.
ISBN 978-3-8346-3790-1

Blumhagen, Doreen:
Mein 1x1- und 1:1-Lapbook.
Verlag an der Ruhr, 2018.
ISBN 978-3-8346-3902-8

Blumhagen, Doreen:
Mein ABC-Lapbook.
Verlag an der Ruhr, 2018.
ISBN 978-3-8346-3792-5

Blumhagen, Doreen:
Mein „Das bin ich!"-Lapbook.
Verlag an der Ruhr, 2016.
ISBN 978-3-8346-3117-6

Blumhagen, Doreen:
Mein Grundschulzeit-Lapbook.
Verlag an der Ruhr, 2017.
ISBN 978-3-8346-3580-8

Blumhagen, Doreen:
Mein „Hier lebe ich"-Lapbook.
Verlag an der Ruhr, 2017.
ISBN 978-3-8346-3696-6

Blumhagen, Doreen:
Mein Kirchenjahr-Lapbook.
Verlag an der Ruhr, 2018.
ISBN 978-3-8346-3793-2

Blumhagen, Doreen:
Mein Lesetagebuch-Lapbook.
Verlag an der Ruhr, 2017.
ISBN 978-3-8346-3695-9

Blumhagen, Doreen:
Mein Weihnachts-Lapbook.
Verlag an der Ruhr, 2016.
ISBN 978-3-8346-3199-2